泰王的新衣

從神話到紅衫軍，泰國王室不讓你知道的祕密

A KINGDOM IN CRISIS

Thailand's struggle for democracy in the twenty-first century

Andrew MacGregor Marshall
安德魯・麥格里高・馬歇爾——著
譚天——譯

目錄

第二部分　泰國式民主與它的不滿

第三部分　接班的祕密

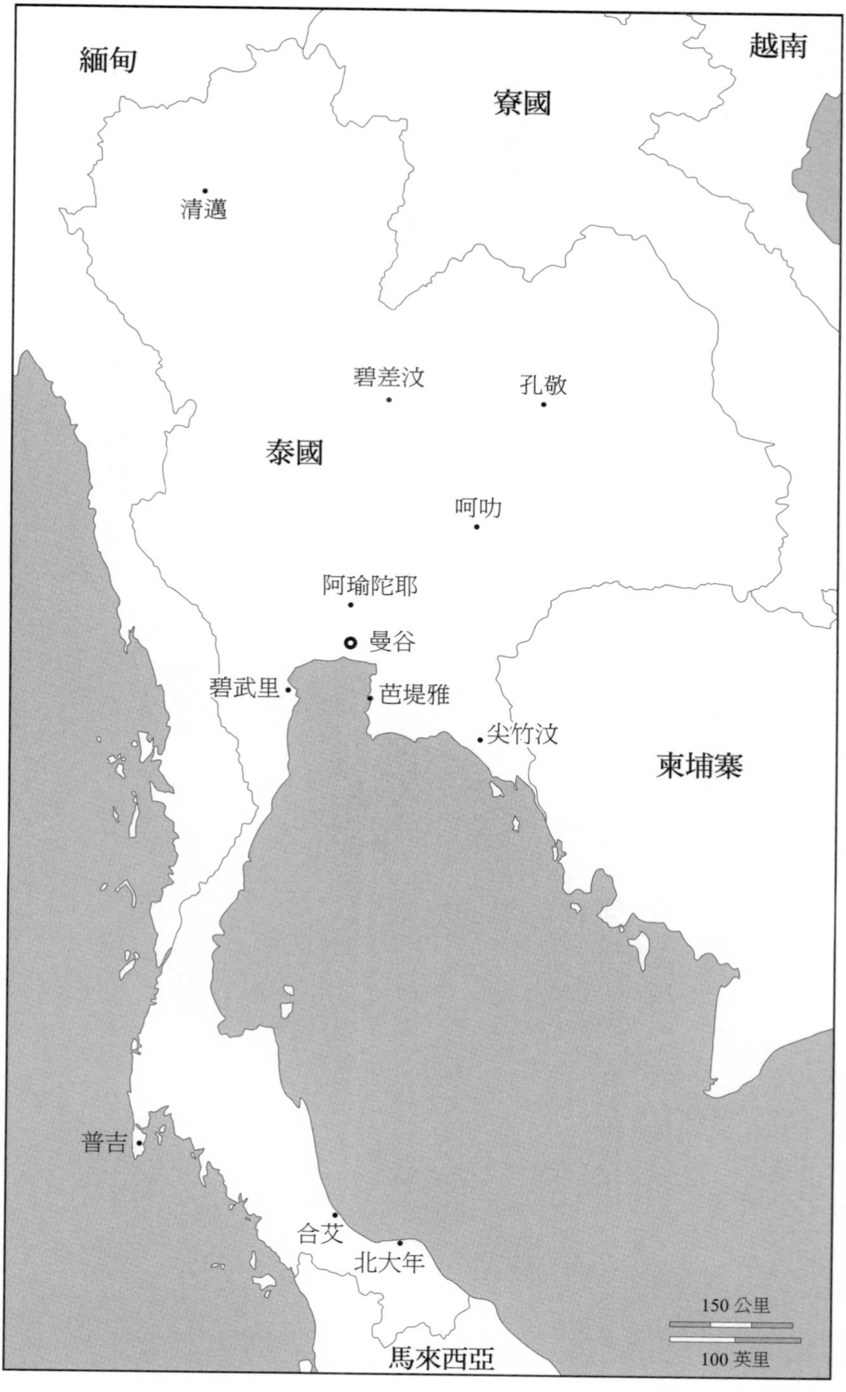
緬甸
越南
寮國
清邁
碧差汶
孔敬
泰國
呵叻
阿瑜陀耶
曼谷
碧武里
芭堤雅
尖竹汶
柬埔寨
普吉
合艾
北大年
馬來西亞
150 公里
100 英里

推薦序（一）

泰國宮廷大戲熱映中

張正（《四方報》創辦人，燦爛時光東南亞主題書店創辦人）

台灣人常說泰文像毛毛蟲、像符咒，越南人則把泰文形容成「捏碎的科學麵」。我當初學泰文，一方面是想替只有越文版的《四方報》加開泰文版，另一方面，還懷著「學會泰文我就可以解開符咒了」的妄想。

於是連續幾個月，每週一次，我和幾位因為各種理由來學泰文的台灣同學，一起到中國青年服務社上課，從「溝改（ก）」、「摳凱（ข）」開始，像小學生一樣在埋首習字本，顫抖地描出一個個泰文字母。可嘆我資質駑鈍又不夠用功，最終，只學會幾句招呼哈啦的用語，而一度認得的那幾十個泰文字母，到頭來仍是形同陌路，我終究沒能解讀符咒一般的泰文。

＊　＊　＊

對我來說，泰國和泰文一樣迷人卻又難解。泰國有虔誠沉穩的信仰，也有粗暴凌厲的泰拳，有嚴謹細膩的禮數，也有氾濫的毒品交易與性產業，在東北鄉間，有生活困難必須出國打工的窮苦農家，而首都曼谷，卻又是鄰近國家人民打工謀生的勝地。而其中最神祕的，莫過於本書的主角，泰國國王。

當今泰國國王蒲美蓬，泰文全名是พระบาทสมเด็จพระปรมินทรมหาภูมิพลอดุลยเดชมหาราช，意思是「土地的力量，無與倫比的力量」，另外還有「國土之王」、「偉大戰士」、「國家之魂」等等尊稱。在台灣所有的泰國商家，一定掛上泰王的照片，而我所有認識的泰國人，也總能異口同聲誠心誠意地說出泰王的好：說他全國走透透、探視民間疾苦；說他親力親為帶領進行各種農、漁、牧實驗，然後再將實驗成果轉移給民間；或者強調國王的多才多藝，說他是作家、音樂家、運動員、飛行員。

但我總是疑惑。如果說，泰國屬於泰王一人，那麼，要是泰國人民受苦受難，原本就是他的責任呀，何須讚揚？另一方面，如果泰國國王此等英明，又怎麼會容許泰國政壇毛毛雨一般停不了的政變，以及近幾年驚動國際的黃衫軍、紅衫軍大鬧曼谷？

對於我的疑惑，一位泰國朋友如此解釋：「泰王很好，只不過『底下的人』不好。就像爸爸媽媽是好的，但是兄弟姊妹難免吵架打架。」

算我聰明，沒有再自討沒趣地追問：「那，泰王為什麼不換掉『底下的人』？」世事無常，有個衷心的信仰，還是好的，我自己不信，不必逼得別人也不信。或許就是因為有位神一般不會犯錯的國王，心靈有所依靠，所以泰國人對於「紅黃對抗」這種程度的紛亂，也沒那麼看在眼裡。反倒是台灣長年難解的「藍綠對抗」，如鯁在喉，怎麼都解決不了。

不過，本書作者安德魯．麥格里高．馬歇爾沒這麼客氣。在作者的筆下，受到「褻瀆王室法」（*lese-majeste law*）保護、不容批評的泰國王室，一如自古以來所有的宮廷，是個勾心鬥角的修羅場；泰王當然也不是神，他只是各股勢力擠壓下的凡人，或者說，他本身就是其中一股勢力；作者更細數了泰國歷史上從未間斷的血腥鬥爭，輕易揭穿了泰國「微笑國度」的假面，也說破了泰王對於解決紛亂的心有餘而力不足。

可惜的是，即使馬歇爾筆鋒犀利、言之鑿鑿，論證「泰國危機根本上的內容就是王室，以及王室在社會上扮演的角色」，也希望藉由公布真相、突破言論禁忌，「解決他們（泰國）可悲的政治衝突」、「找出療癒社會分裂的可行之道」，但是這本英文著作暫時不會在泰國被看到，反倒在超級自由的台灣以中文出版。也就是說，馬歇爾的期待遙遙無期。

＊　＊　＊

泰國山明水秀氣候宜人價格實惠，是旅遊首選，泰國俊男美女主演的偶像劇，也在台灣吸引了一群「哈泰族」，掀起泰語學習熱。如果只是想去泰國放空，只是想去拜一拜四面佛，只想看一看泰國人甜美的微笑，那實在不需要多麼了解泰國，也最好別看這本書。

但是如果有一點好奇心，想知道隱藏在微笑背後的真相，那麼這本在泰國註定是禁書的書，絕對是個難忍的誘惑：分居超過二十年的國王與皇后，貪財好色的王儲，受到愛戴卻無法繼承大位的公主，以及環繞王室各懷鬼胎的財團與軍頭，正在合力演出泰國當代宮廷大戲「泰王的新衣」。

推薦序（二）

不為人知的泰國王室及其權力鬥爭

顧長永（中山大學亞太所教授兼所長、《泰國：拉瑪九世皇六十年》作者）

台灣人對泰國的認識非常有限，大都僅知道泰國是以泰族為主的佛教國家，卻不知道泰國南部三省有很多信仰回教的馬來族群；很多人去泰國旅遊大都以普吉島或曼谷為首選，卻不知道泰國北部及東北部地區也有很多優美的自然及人文景觀；台灣人在曼谷地區遊覽華埠看到很多的潮州餐館，可是卻不知道泰國北部最大的華人族群卻是雲南人；很多人都聽說泰國有一個很受人尊敬的泰國國王，卻不知道他的名字叫蒲美蓬國王，更不知道他的王位封號是拉瑪九世皇。

雖然泰國是台灣人去東南亞地區旅遊的首選，可是台灣人對泰國相當陌生。泰國位於中南半島的中心位置，亦是東南亞地區的核心。在西方帝國主義及日本在二次大戰統治東南亞期間，泰國是唯一未受到異國統治的國家。因此，泰國是東南亞地區保留傳統歷史文化最完整的國家。在東南亞各地，大都可以看到殖民時期的建築，可是，在泰國卻沒有任何西方的建築。

泰國亦是東南亞地區族群最為融合的國家，尤其是華人與泰人的融合，早已超越東南亞其他的國家。泰國在一九五〇年代曾經實施嚴厲的排華政策，當時對華人造成相當大的衝擊；可是，由於兩大族群具有相似的佛教及種族背景，華人與泰人就逐漸融合，彼此互動、通婚，及居住在相同社區。泰國與印尼及馬來西亞的華人，在該國都具有很大的經濟影響力；可是由於相當敏感的族群關係，華人在印尼及馬來西亞，幾乎不可能擔任國家領導人。然而，泰國卻已經出現好幾位華人血統的總理，例如塔信總理、阿比西總理、盈拉總理等。

當然，泰國亦經常發生軍事政變，甚至幾乎成為常態；例如二〇一四年五月就發生軍事政變，推翻民選產生的盈拉總理。很多人好奇，為何泰國的軍事政變如此輕易發生？為何有些軍事政變甚至獲得人民的掌聲！為何經常發生軍事政變的泰國，卻沒有分裂，也沒有造成內亂？泰國國王與軍事政變有何關係？為何有些軍事政變之後，立刻獲得蒲美蓬國王的認可？例如，最近幾年泰國社會的動盪，出現保王派（黃衫軍）與非保皇派（紅衫軍）的鬥爭。名義上應該是虛位元首的泰王，到底與政治權力有何關係？這些疑惑與好奇，造成很多人對泰國的不瞭解，這就是本書的重點！

本書的作者安德魯．麥格里高．馬歇爾原本是路透社的記者，長期住在東南亞地區，經常撰寫有關泰國及東南亞的評論，因此，馬歇爾對泰國有非常深入的瞭解。本書的主要目的，就是揭露不為人知的泰國王室及其捲入的政治權力鬥爭！

本書對於泰國的王室提出相當尖銳的批判，尤其是蒲美蓬國王的介入政治，顛覆過去一般大眾對泰國王室的認知。蒲美蓬國王被認為是一位溫和柔軟的君主，可是他所領導的王室家族，為鞏固王室的既得利益，與保王派菁英結合，經常出現強力的政治干預，包括支持政變及操控司法，造成泰國政治情勢的動盪。例如，民選產生的塔信總理及盈拉總理，擁有統治的正當性及合法性，就是受到泰王的暗中支持，因而輕易的被軍事政變推翻。又如，蒲美蓬國王聯合司法系統，經由憲法法庭判決造成三位民選總理下台。泰國王室如此強勢介入政治，撕裂泰國原本和諧的社會，造成紅衫軍與黃衫軍的對抗。

其次，馬歇爾亦指出王室家族的腐敗與浪蕩。泰國王室擁有「資產管理局」經營各式各樣的業務，其擁有直接利益的公司多達九十家，王室家族就運用這些累積的財富，揮霍浪蕩從事各種玩樂，並且運用這些財富掌控政治權力。本書大肆批判哇集拉隆功王儲的好色、好賭、及酗酒等極度偏差行徑，甚至指出由於王儲的腐敗，造成人民對他不放心，因而引發王室繼承的政治鬥爭。

最後，本書亦指出泰國過去六十年來的政治變遷，唯一較具有正面的發展，就是泰國人民支持民主運動的成長，這股政治改革的力量，將持續在泰國政治動盪的背後，露出些許耀眼的陽光！

馬歇爾具有新聞記者的寫作專業。他以批判的角度分析泰國王室繼承鬥爭與泰國的政治動亂，道出許多不為人知的王室內幕鬥爭及醜聞。儘管具有高度的爭議，卻提供社會大眾對泰國王室及泰國政治更多不一樣的認識。

謝辭

承蒙許多人在專業、在個人層面上的巨大支持與援助，這本書方得以完成。若是沒有這些協助，這本書根本連動筆都不可能。可悲的是，有鑒於破壞泰國禁忌可能導致的後果，我若在這裡指名道姓向他們致謝，可能讓他們陷身險境。我在這整本書中，不斷引用許多非常優秀的泰國學者的著作，對他們虧欠良多自不待言。但就目前而言，我只能在私下向這些幫我的人申致謝忱了。不過最重要的是，我得向Zed出版社（Zed Books）的團隊致敬，特別是《亞洲論點》*之編輯保羅·法蘭奇（Paul French）與責任編輯金·華克（Kim Walker）。他們不僅勇敢地決定出版《泰王的新衣》這本書，還能如此和藹可親、不厭其煩地忍受我令人惱火的工作習慣與多次拖稿，讓我尤其感念。書中有任何錯誤，以及我在書中表達的論點，都由我一肩承擔。

---

* 編按：《亞洲論點》（*Asian Arguments*）是Zed出版社籌劃專門討論今日亞洲的書系。它針對的讀者群是越來越多想進一步了解亞洲現況的學生與一般讀者，並強調由下而上地探討亞洲的各項議題，著重一般民眾必須面對的環境、民主、與社會發展等種種問題，以區別傳統由上而下的觀點。

有關泰文姓名的說明

泰國人的姓名在英文中有多種拼法。泰人姓名沒有普世接受的翻譯系統，英文拼音有時與泰人姓名的讀音一點關係也沒有。這本書提到公共與歷史人物姓名時，使用最常使用的拼法。在姓名拼法沒有共識的情況下，書中採用最接近讀音的拼法。

泰國就是過去一般外國人所謂的暹羅，直到一九三九年才改名泰國。在一九四六至一九四九年間，它曾一度回復舊名。

前言
訴說泰國的真相

二十一世紀的泰國，在一場撲朔迷離、似乎沒有人解釋得清的政治衝突中震撼不已。傳統統治階層為打擊前電信大亨塔信・西那瓦（Thaksin Shinawatra）的政治影響力，而陷於一場毀滅性的戰鬥中。塔信原是泰國史上最有民望的總理，在二〇〇六年一次政變中被推翻，並在二〇〇八年被判貪污，之後塔信自我流放，旅居海外。塔信出走這場越演越烈的危機，為泰國帶來嚴重的附加性創傷，讓經濟欲振乏力，既腐蝕了治理品質，也削弱了法治效能。但這場衝突似乎看不見盡頭。泰國政界、商界與軍界精英不但沒有尋求妥協與和解的跡象，反而似乎決心不計成本、必欲達到絕對勝利而後甘休。

除了面對國家分化情況越來越嚴重的危機以外，另一場大禍也近在眼前：廣受泰人敬重、早在一九四六年已經登基的卻克里（Chakri）王朝拉瑪九世、泰王蒲美蓬・阿杜德（Bhumibol Adulyadej）已經來日無多。幾十年來，大多數泰國與外國觀察家都認定，王位繼承與其後續發展將為泰國帶來一段極度危險的時期。二〇〇九年十月，泰國股市因蒲美蓬健康狀況惡化的傳言而崩盤，就是這種憂慮的明證。股指在兩天內跌了百分之七，一百三十億美元市值蒸發。

但許多人相信，王位繼承與目前的政治鬥爭無關，因為誰將是下一位泰王的問題並沒有明顯爭議。一般認為，一旦蒲美蓬駕崩，他唯一的兒子瑪哈・哇集拉隆功（Maha Vajiralongkorn）王儲將登基成為拉瑪十世。大多數學術界與新聞界人士在分析泰國衝突時，完全不提接班問題，外國記者往往絞盡腦汁，仍對泰國政情大惑不解。《紐約時報》記者湯瑪斯・傅勒（Thomas Fuller）曾說，「泰國的政治動亂不可理解」[1]。有些觀察家承認接班確實是個令人擔心的問題，在這場衝突中扮演一定角色，因為傳統派精英擔心一旦哇集拉隆功登基，塔信一派將主控國會。傳記《國王永遠不笑》（*The King Never Smiles*，堪稱是有關泰國現代史最大膽、最發人深省的著作之一）作者保羅・漢利（Paul Handley），在二〇〇六年政變以後提出一個理論：「王室與軍方很顯然有志一同……他們不希望塔信能在哇集拉隆功王儲承繼卻克里王朝衣缽的事情上發揮影響力。」[2]

但從這些觀點進行觀察，泰國曠日持久的政治衝突根本不合情理。如果王儲將繼位成為泰王的事早有定論，保王派為什麼這麼拚命阻止塔信影響接班？為什麼他們在王位順利移轉的奠基準備工作上做得這麼漫不經心？還有，既然大家都擔心蒲美蓬之死會帶來極度動盪，在這顯然需要追求安定的關鍵時刻，統治精英為什麼仍然只是一味打擊塔信，不惜把國家搞得雞犬不寧？泰國也曾出現過許多貪腐的政治強人，王室與統治階層總能想辦法與之相安無事，塔信與這些強人究竟有什麼不同？他為什麼比這些強人更危險？為什麼一些保王派會與塔信結盟？為什麼向來只重現實、不重原則的泰國精英，這次竟干冒國難當頭奇險、寧可玉石俱焚也不肯與塔信妥協？大多數新聞界與學術界有關泰國情勢的研究，都為解決這些問題而絞盡腦汁。

這本書認為，過去關於泰國情勢的共識有誤。泰國已經陷於一場二十一世紀的政治危機，危機的癥結所在是過去鮮為人知的王位繼承衝突。三十幾年以前，班尼迪・安德森（Benedict Anderson）發表一篇扭轉乾坤的分析，推翻了幾十年來有關泰國問題的定見，證明學者們許多最信以為真的假定其實完全不正確。他提出四項所謂「駭人聽聞的假定」，徹底顛覆了我們對泰國史的了解[3]。我在這本書也提出四項我自己的假定，我認為想了解泰國的動亂，必須先認識這四項假定：

第一，在精英層級上，泰國的衝突基本上是一場王位繼承鬥爭，爭的是蒲美蓬死了以後由誰繼位。特別是，大多數泰國精英抵死反對哇集拉隆功繼承他父親的王位，而且願意以極端手段破壞他的接班。

第二，許多人認為蒲美蓬國王一旦逝世，將引發一場動盪不安，但事實上這段動亂期已經開始了。自二〇〇五年起，這場大家早就在擔心的動亂已經全面登場。

第三，這場王位繼承問題的激烈鬥爭，並不表示王室擁有獨立自主的重大政治權力。泰國的王一般而言都是精英控制下的傀儡，沒有自主權。精英要的是一位可以掌控的王，讓他們取得王宮那種合法統治的神聖魅力，讓他們享用龐大的王室財富。

第四，大多數自認為是保王派的泰國人其實根本就不是保王派。大多數泰國平民百姓是所謂「蒲美蓬派」（Bhumibolists），他們效忠的不是王位制度，而是他們私自以為的現任國王蒲美蓬的價值與願望。大多數精英甚至未必效忠蒲美蓬，他們一心想要的，無非是利用王室謀取自己的利益罷了。他們的極端保王只是一種做戲，目的在掩飾他們對哇集拉隆功的厭惡。就若干重要角度而言，塔信是傳統保王派精英──他要的是利用王室，而不是推翻王室。但與大多數精英不同的是，塔信不反對哇集拉隆功繼位成為拉瑪十世。

泰國今天的動亂故事，絕不是單純的王位繼承問題。就較廣的層面而言，它其實是泰國人民為掙脫統治階級的支配與壓榨，而進行的又一場意義重大得多的歷史性鬥爭。今天泰國的動亂，其實是兩項衝突交織的後果：一是泰國最有權勢的人祕密發動、鮮為人知的王位繼承戰爭，一是全國人民爭平等、爭自由的鬥爭。想了解泰國，最好的辦法就是從這兩項衝突的角度進行觀察。這兩項衝突的關鍵都在於同一議題：王室與精英的權力與特權。此外還有一項形成這故事背景的第三項衝突：真相之爭。許多世紀以來，統治精英一直用自己的一套現實版本強加於泰國百姓身上，而且鎮壓一切異議雜音。現在，統治階級那一套意識形態與神話正在土崩瓦解。若能從真相、民主與王位繼承這三種角度進行分析，想了解泰國令人大惑不解的危機不難。

為什麼有這麼多人錯得這麼離譜？最明顯的理由是，訴說泰國歷史與政治真相是非法的。

泰國刑法第一百一十二條規定：「任何詆毀、侮辱或威脅國王、王后、王位繼承人或攝政王的人，得處以三到十五年徒刑以為懲罰。」在實際運作上，泰國當局一直以極廣的角度詮釋這項所謂「褻瀆王室法」（*lèse-majesté* law），任何有關王室的公共言論，必須以美化到幾近荒唐的官方版本為準，只要稍有逾越就有可能惹來許多年的牢獄之災。大衛・史崔福（David Streckfuss）說，「這樣陳舊的一條法律，竟能在一個『現代』社會造成這麼大的影響，這種事堪稱絕無僅有（或許塔利班統治下的阿富汗這類『回教』神權政體例外）。」史崔福說：

> 泰國的運用「褻瀆王室法」堪稱舉世無雙，這條法律的解說以及為它提出的辯解已經成為一種藝術。主張這條法律的人說，泰國對泰王的敬愛無與倫比；反對它的人則認為，這條法律已經成為言論自由的最大威脅。有關這條法律與其使用的辯論正持續升溫，而潛藏在這辯論表象下暗潮洶湧的，是統治者與被統治者雙方關係的一些最基本的議題：法律前的平等、權利與自由、王權的來源，甚至還有政府體制——泰國基本上究竟是君主立憲制？採用民主治理系統但以國王為國家元首？還是就是民主體制？

真相不能讓你免遭「褻瀆王室法」控罪：說的是不是實情並不重要，重要的是你說的話有沒有損及王室形象。這現象在二〇一二年法庭對街頭小販艾卡柴（Ekachai Hongkangwan）的判決中顯露無遺。艾卡柴因販賣維基解密（WikiLeaks）發表的極具煽動性的美國外交電文拷貝，以及澳洲廣播公司（Australian Broadcasting Corporation）一部有關王室紀錄片的ＤＶＤ，而被控「褻瀆王室」。這些電文檔案與ＤＶＤ內容可回溯至二〇一〇年，它們討論王位繼承、以及精英疑忌哇集拉隆功等禁忌議題。艾卡柴的辯護律師團隊舉出維基解密電文中引用的一些政界元老的話，藉以證明電文中有關王儲的說法是事實。法官阿必西（Aphisit Veeramitchai）告訴他們，這樣的辯解一點用也沒有：「因為如果它是真的，詆毀的罪名更重，如果它不是真的，那更是詆毀中的詆毀。所以，證明這些資訊是否屬實，對你們一點好處也沒有」。[4]

就這樣，新聞界與學術界人士往往對涉及王室的問題避而不談，只注意一些爭議性較小的議題，或乾脆只談一些老調。誠如史崔福所說：

> 褻瀆王室法為這種充塞泰國社會、政治與經濟、無所不在的現實，提供一個保護盾。也因此，褻瀆王室法的運作，在泰國全國國民生活中心造了一個沉默的黑洞。政治與社會言論遭到邊緣化，淪為傳言耳語與含沙射影。[5]

問題是這種涉及王室之爭是明擺著的事實，想撇開它而說明泰國危機真相根本不可能，這不僅因為儘管王室在名義上超脫政治，但重要王室成員經常參與政爭、公開偏袒政爭一方，更重要的是，泰國危機在本質上就圍繞著王室，以及王室在社會上扮演的角色。任何寫泰國現代史的人都必須面對一大難題：想說明泰國近年來的歷史或政治真相，只有犯法才辦得到。

外國記者往往將泰國的童話故事信以為真，再者質疑官方說法可能遭致嚴重後果，也令他們不敢稍越雷池。也因此想根據他們的報導來說明泰國危機非常困難。多年來，泰國統治精英一直可以肆無忌憚地用自己的一套說法強加於泰國人民身上，他們動輒把人民關進牢房，一關多年，只因為人民膽敢吐露心聲、或陳述客觀事實。本書的目的在於匡正這種情勢。書中對泰國這場政治危機提出簡明易解的新詮釋，說明危機重要人物的行動與策略，讓我們對泰國前途做出有根據、有道理的預測。我也希望能用這本書打破一些傷害言論表達自由的禁忌，廣開言論之門。誠如斯拉法・齊澤克（Slavoj Žižek）在一篇有關維基解密「電文門」（Cablegate）事件的文章中所說，就算許多人私下已經知道事實真相，打破禁忌、說出這些真相仍能帶來一種解放效應：

> 維基解密揭露的真相只有一點令人稱奇，這一點就是它們的內容全無令人稱奇之處。我們從維基解密中得知的，難道不是我們早已得知的嗎？它之所以惱人，真正的原因在於它呈現的層面：我們不再能假裝不知道那些每個人都知道我們已經知道的事。這是公領域的矛盾：即使每個人都已經知道一件令人不快的事實，公開說出這事實還是能改變一切。[6]

漢斯・克里欽・安德森（Hans Christian Andersen）在他的《皇帝的新衣》（*The Emperor's New Clothes*）中也提出同樣論點。就算大多數人私下都已經猜到事情真相，將真相在公領域公開，仍能讓官方無法自圓其說、不能繼續堅持它不承認現實的說法。

這本書引用了保王派的一言堂以外的眾多文獻，其中許多是局外人的作品，包括多年來外籍旅客在泰國的見聞、洩露或解密的美國與英國外交電文，以及煽動性的泰國地下文件。外國觀察家在分析泰國事務時難免有偏見、有自己的圖謀，也因此在處理他們的分析時必須謹慎，不過這類「異端邪說」卻能為官方的正統神話提供一劑重要解藥。書中針對過去十年進行的分析，有很大一部分以我與數百位泰國權要人士的訪談為基礎，但為保護他們的安全，我不能透露他們的姓名。這實屬無奈，但想報導現代泰國，除此之外也別無他途。這本書也以相當篇幅分析精英權貴的動機與行為，這與《亞洲論點》系列的精神顯有牴觸。但想讓泰國人民完全掌握他們的命運，掙脫那些讓他們失去自由的意識形態桎梏，就必須全面曝光泰國統治階級那些見不得人的行動。比起泰國全民爭民主、爭平等的鬥爭，祕而不宣的王位繼承衝突就重要性而言雖然小得多，但想徹底了解泰國危機，卻不得不深入研究、揭發這場衝突。

想化解泰國人悲劇性的政治衝突，想找出療癒社會分裂的可行之道，他們首先必須能無所畏懼地公開言論。我希望這本書能對促成這件事稍有貢獻。

第一章

「當神一樣的泰王亡故時，一切都會崩潰。」

——泰國的政治覺醒

自一九三二年的革命剝奪了王室的絕對權力以來，泰國卻克里王朝史上最重大的一場事件，在二〇一〇年九月一個週日薄暮前不久突如其來地出現了。發生地點是在曼谷一處奢侈品購物中心與五星級酒店雲集、車水馬龍、人潮不斷的十字路口。整個事件前後只有幾分鐘，許多泰國人根本不知道發生了什麼事。

那一天是九月十九日，距保王派將領發動政變，捏熄眾多泰國人幾十年來流血抗爭、好不容易爭來的一些政治進步的小小火星，已有整整四年，距軍方鎮壓另一場爭民主的群眾示威僅僅只有四個月。那年五月，數以千計「紅衫軍」在曼谷市中心拉差阿帕森（Ratchaprasong）商業鬧區築壘封鎖交通，發動要求重新選舉的大規模抗議。結果是，軍方裝甲車於黎明時分展開清場，衝進抗議陣營的路障壁壘，驅散紅衫軍，之後有人在曼谷幾十處建築物縱火，尚泰（Zen）百貨公司幾乎全遭祝融吞食，拉差阿帕森的中央世界（Central World）豪華購物中心部分地區也遭火攻，捲起濃密黑煙，直沖雲霄。四年前這場事件總計有九十一人死難，其中大多數是平民，為泰國多年來爭民主鬥爭的死難者名單又添加了新頁。

之後幾個月，軍方支持的政府下令禁止一切政治集會，並竭力扭曲這次事件。官方宣傳刻意淡化死難悲劇，只是一味強調縱火攻擊，以鋪天蓋地的手法指控紅衫軍「火燒曼谷」。儘管官方統計數字顯示，在這場歷時兩個月的衝突中，軍隊發射了十一萬七千九百二十三發槍彈，其中包括兩千五百發狙擊彈，陸軍總司令巴育·占奧差（Prayuth Chan-ocha）卻大言不慚地說，軍方在這場衝突中不僅沒有殺人，甚至沒有傷人。當局一方面告訴泰國人民，要他們攜手共建美好未來，不要只是沉迷於過去造成國家分裂的爭議中。瓦楞鐵皮屏幕覆蓋了尚泰百貨公司火劫之後殘破的現場，屏幕上還漆了許多標語，反映官方迫使民眾樂觀與忘卻的心態。其中一個標語重複著一個簡單的句子：

> 一切都會好的。一切都會好的。一切都會好的。

另一個巨型標語寫著：

> 重建尚泰，愛泰國。願這次重建能為泰國帶來和平與繁榮。我們必須和解，因為我們是一個國家、一個家庭、一個民族。

想反駁官方這一套文宣攻勢幾乎不可能。曼谷以及紅衫軍大本營所在的泰北與東北地區都進入緊急狀態。紅衫運動的領導人或下獄、或逃亡，幾乎無一倖免。反對異議遭到有系統的封口。

在整個泰國現代史上，政府不斷鎮壓異議，而且不承認有人為爭平等與民主而死難。在這個世代的記憶所及裡，最嚴重的一場大屠殺發生在一九七六年十月六日。當時數以千計極端保王派民兵與警察，用槍械、刀子、棍棒、槍榴彈與反戰車武器攻擊在國立法政大學（Thammasat University）校園發動抗議的學生。官方一直沒有發布精確的死亡數字，但可靠人士估計，超過一百名學生死難。根據《時代雜誌》的一篇目擊報導：

> 有些人被打得半死，然後被吊死，有些人身上遭潑上汽油引火燃燒。有一個人被砍頭。遭私刑迫害而死難的人，遺體還被綁在樹上，任由暴徒肆意殘害，暴徒挖下受難人的眼睛，切斷他們的喉嚨，還用棍棒與鐵鍊抽打他們的遺體。[1]

這次事件基本上已遭泰國當局從歷史上一筆抹殺。在一九七六年擔任學生運動領導人、大屠殺過後在獄中關了近兩年的彤差·溫尼差卡（Thongchai Winichakul）寫道，「就像是這次事件根本沒有發生過，或雖然發生過，但唯一的價值只是教人如何淡忘一樣。」[2]彤差現在已是泰國最有名望的歷史學者，他在二〇一〇年暴力事件結束後提出警告說，政府又想重施故計，埋葬人民對死難者的記憶。他寫道，「沒有正義的和解將再一次出現。失去的生命與靈魂很快會成為一堆沒有臉的名字，之後成為一些統計數字。他們的故事也將歸於沉寂。」[3]

面對政府的檢查與鎮壓，泰國政治反抗人士多年來一直以紀念性儀式為主要抗爭手段。他們在廟宇與紀念碑前陳列死者的照片，還擺上香、燭、水果與鮮花。艾蘭·克利瑪（Alan Klima）在一篇死者在泰國政治慣例中角色問題的研究報告中指出，「這種喪禮式的抗議文化，在全球各地被壓迫、被追殺的人群間已經成為常態。」[4]

在二〇一〇年四月與五月的殺戮過後幾個月間，人權運動激進人士宋巴特（Sombat

Boonngamanong，漢名陳廷發）領導的抗議人，曾多次重返拉差阿帕森鬧區，悼念死難者。第一次抗議只有宋巴特一個人：那一年六月二十六日，他在拉差阿帕森一座大型街道標誌上繫了紅絲帶。結果他被捕，關了兩個星期。在獲釋出獄兩天以後，宋巴特與約三十名抗議人又來到拉差阿帕森。當時適逢週日下午，宋巴特一行人穿過購物人潮，往那座大型街道標誌集結。一些抗議人開始在標誌上繫紅條與絲帶，還有一些抗議人高舉牌子，牌上寫著「有人死在這裡」字樣。另有三名抗議人身上塗了紅漆，躺在人行道上，象徵性地重演當時血染街頭的慘劇。儘管根據緊急狀態法，五人以上的政治性集會都在禁止之列，但當抗議人士採取這些行動時，站在現場的幾名警察只是在一旁佇立，沒有進行干預。面對規模刻意壓得這麼小、而且非衝突性的抗議，當局不知道應該怎麼因應才好。七月二十五日，曼谷舉行了一場「紅色有氧舞蹈會」活動。一些參加活動的人或在身上塗上假血，或把臉孔畫成奇形怪狀的死亡面具。八月一日，幾十名紅衫人躺在曼谷民主紀念碑（Democracy Monument）旁地上，悼念死者。八月八日舉行的又一場紅色有氧舞蹈會有五百多人與會；一週以後，參加這項活動的人潮超過六百人。九月十二日，宋巴特在拉差阿帕森附近地區辦了一場紅色自行車集會，與會騎士們在五月暴亂中幾處有人遇害的地點停留，在路經市街時還高喊「軍人開槍射殺百姓」與「我們不會遺忘」。同時，一群打扮成殭屍模樣、身穿染血殘破衣衫的學生，也發動了一次徒步遊行。

許多人認為這些事件無關痛癢，媒體還經常把宋巴特描繪成小丑。但民運人士已經訂定策略，要在二〇一〇年九月發動大規模抗議，而這些事件都是策略一環，目的在擴大抗議的可行性，幫助潛在支持者克服恐懼感。誠如宋巴特對《綠左周刊》（*Green Left Weekly*）的彼得・鮑耶（Peter Boyle）所說：「我們採用循序漸進的方法以化解這種恐懼。這些熱身性事件都只是點到為止，規模都不足以惹得政府傾全力以對。」[5]不到三個月以前，宋巴特只能單槍匹馬、前往拉差阿帕森繫紅絲帶，現在他計劃發動一場群眾抗議大會，要在會中釋放一萬個紅氣球，還要在拉差阿帕森各角落繫十萬根紅布條。

像所有其他人一樣，宋巴特也沒想到九月十九日竟會有這麼多人聚集。紅衫運動沒有實際上的領導人，照理說應該沒有組織，而且凌亂散漫。但儘管當天天氣惡劣，甘冒被捕風波、聚在拉差阿帕森的人潮遠超過上萬人。在紅衫大本營、民怨早已積壓多時的泰國農村偏遠地區，數以千計的人搭乘巴士與汽車前往曼谷，加入抗議行列。泰國記者普拉維（Pravit Rojanaphruk）在《國家報》（*The Nation*）*對抗議現場情況有以下描述：

三十五歲婦人桑文・蘇提森（Sangwan Suktisen），帶著她八歲大的兒子與三歲大的女兒加入這場抗議。她的丈夫、三十一歲的巴松・提隆（Paison Tiplom）在那一年四月十日發生的公車總站十字路口槍擊事件中遇害。

她舉著一張丈夫頭部中彈的照片，向其他穿紅衫、在十字路口遊走的抗議人出示。桑文說，她要求政府將殺害她丈夫的人繩之以法。

她說，「政府雖然因為我死了丈夫而給我補償，但沒有人道歉。」她三歲大的女兒沙潘．提隆（Saiphan Tiplom）手持一個紅氣球，上面寫著「把我爸爸帶回來，把政府趕出去」幾個字。

現年四十五歲、來自挽甲必區（Bang Kapi）的沙拉勿．沙山（Sarawut Sathan）說，他所以加入抗議，是因為他要政府解散國會下議院，重開選舉，以解決這場社會危機。還有一名婦女用粉筆在路面上寫字，說她還記得四個月前她的友人遇害的情景。宋巴特說，拉差阿帕森這場象徵性活動已經引起政府注意。他說，他原本沒想到會有一萬多人與會。宋巴特說，「我們來這裡為的只是要告訴政府，我們永遠不會忘。」[6]

抗議事件結束時，情況已經明顯：對泰國的王室而言，一切都變了。一群抗議人開始高喊一句口號，而且愈傳愈廣，沒多久，成百上千的群眾開始反覆高喊這句口號。這口號是一句罵人的粗口，就字面解釋是「金斑巨蜥」，金斑巨蜥是泰國人特別痛恨的一種動物；若要翻譯這句口號，最貼切的意思就是「那混蛋下令殺人。」這是令人震驚的一刻，絕大多數泰國人做夢也不會

* 編按：泰國第二大英文報。

想到竟會發生這種事。成百上千的群眾聚集在首都市中心鬧區，齊聲大罵，痛斥一個讓人匪夷所思的對象。他們罵的那個「混蛋」是國王蒲美蓬・阿杜德。

抗議人也開始在圍繞尚泰百貨公司火劫現場的圍牆上塗鴉，大書反王室標語。沙哈・烏納迪（Serhat Ünaldi）認為，這是「泰國近年歷史的一個分水嶺，過去有關泰國政治危機的分析幾乎從沒有談到這樣的事」：

在二〇一〇年五月十九日的血腥鎮壓之後，泰國當局在圍牆上寫下許多粉飾太平的句子，傳播團結、和諧與和平的訊息，現在抗議人在這面牆上塗鴉，目的就是在反制曼谷精英這種逃避現實、回歸「正常」的企圖。民眾對統治階層信心的幻滅，已經透過這些塗鴉而表露無遺。[7]

這些塗鴉的內容有許多與「天」有關，而泰國人常用「天」來比喻高不可攀的王室。還有數不清的標語暗諷國王是個瞎子，甚至有一幅漫畫，把蒲美蓬畫成亞道夫・希特勒（Adolf Hitler），臉上還戴了一只獨眼罩。蒲美蓬在一九四八年一次撞車事故中瞎了一隻眼，不過這些說他是瞎子的標語另有象徵意義，因為根據傳統說法，蒲美蓬國王不僅地位崇高，還有無比的佛家智慧，這一切賦予他獨特眼光與見識，讓他能看透表象，見到凡夫俗子永遠見不到的事實真相[8]。在幾張傳單標語中，紅衫軍說，真正能夠看清事實真相的人是他們。反對王室的人自稱 taa sawang，意即「他們的眼睛是張著的」，他們早有一套半祕密的「唇典」（江湖黑話），其中有不少談的就是眼光與盲目。一張海報上寫道，「我過去愛你……但現在我恨你——去死吧！今天全國各地的泰國人都張開了眼。」另一張海報寫道，「由於老天不長眼睛，由於老天瞎了眼，壞人才能出頭統治這塊土地……我要鄭重問你，問你這可惡的瞎子，你什麼時候死啊？」[9]

泰國人對王室的支持，崩潰之速令人不敢置信。當蒲美蓬登基六十週年慶典於二〇〇六年六月舉行時，大多數泰國人與全球各地人士對這位老王仍然崇敬有加，認為他能融合古傳統與新政略，建立一個安定的民主，是一位有遠見的領導人。這次皇家慶典熱鬧了五天，不僅泰國人民展現的愛慕景仰如潮如湧，世界各國領導人也競相展現他們對泰王的敬意。全國各地泰國人紛紛穿上向蒲美蓬國王致敬的黃色衣服，還戴上印有「國王萬歲」字樣的橡膠製手環。六月九日，一百萬人擠進曼谷皇家廣場（Royal Plaza），為的是一睹蒲美蓬在皇宮陽台上發表公開演說（蒲美蓬登基六十年僅發表過三次公開演說，這是第三次）。當天向晚時，集結在燈火通明的吉拉達宮（Chitralada Palace）附近的好幾十萬泰國人，選在十九時十九分吉時一起點上蠟燭，向國王道賀。六月十二日，世界各國國家元首齊集曼谷，觀賞一場永生難忘的皇家遊河盛會——兩千零八十二名著制服的槳手，划著五十二艘造型優美的船，沿湄南河（Chao Phraya，又名昭披耶河）*往北駛

*編按：意即國王之河。

到黎明寺（Wat Arun）。蒲美蓬國王坐在他御用的皇家金鳳凰龍舟（*Suphannahongse*）上，參與了這場盛會。這艘龍舟以鳳凰揚首為船頭造型，而鳳凰正是神話中印度神婆羅門的坐騎。美國大使羅夫・鮑斯（Ralph'Skip'Boyce）在一封發回國務院的祕密報告電文中，對這場六十週年慶的成功似乎佩服得五體投地：

> 這場一連好幾天的盛會，無時不刻、無處不在地顯示泰國國民對泰王的尊敬與崇拜……
>
> 由於人民紛紛穿上為國王慶生的顏色（國王的生日在星期一，這一天因此成為黃色日），曼谷的人行道與公共運輸系統化為一片黃色之海。就連在地方市場，民眾這股忙著為王祝壽的熱忱也展露無遺：印有「我們愛國王」字樣的黃衫價格飛漲，迫得政府宣布它會趕工生產更多這種黃衫，以抑低價格。由於車隊與保安員警將在地一些大街小巷用作停車場，曼谷原已堵塞的交通更加擠得水泄不通。在這段期間，政府辦公室與學校雖然關閉，購物中心與市場仍然開放營業；充耳盡是慶祝泰王華誕的電台與電視廣播之音。地方新聞媒體也傾盡全力報導慶生活動。報紙以整頁版面介紹國王的生活與工作。不分男女老少、各行各業的泰國人，在訪問報導中異口同聲、表達他們對國王的感念與仰慕，還說了許多王室如何改善他們生活的個人故事。所有地方電視台報導的清一色都是慶典活動實況，畫面上不斷出現與會人或淚流滿面、或笑逐顏開的鏡頭。夜間電視終於轉而報導世界盃足賽開幕式，但就算世界盃這樣

的盛事也脫不開泰王壽誕的影子：一家報紙刊出一幅漫畫說，大多數泰國人為巴西隊加油，因為巴西隊穿的是黃色球衣。

這是蒲美蓬國王聲望的巔峰。但在這場盛大慶典的幕後，這位全民之父卻為家務事困擾不已。蒲美蓬與王后詩麗吉（Sirikit）已經分居二十年，大家都認為他的兒子與繼承人、王儲哇集拉隆功是個生性兇殘、貪財好色之徒，大多數泰國人都對他辱罵不已。泰王的次女詩琳通公主（Princess Sirindhorn）卻深獲泰人喜愛，絕大多數泰人希望她能繼承蒲美蓬。只不過她是女性，傳男不傳女的泰國王室傳統使她幾乎不可能繼承大寶。鮑斯大使在電文中寫道：

在週五這天一段很顯然是無心插柳的電視轉播畫面中，那位不得人心的王儲看著一封致國王的賀電，國王當時坐在王儲上方的王室陽台上。就在國王後面，我們看到詩琳通公主——廣受人民愛戴的王位「睿智的繼承人」——那張笑臉。詩琳通當時正與她幾個妹妹聊天，還拿著相機對著台下民眾拍照。王位法定繼承人坐在距離國王那麼遠的下方，而國王心愛的女兒就坐在他身後：這畫面巧妙勾勒出王室內部以及王室前途的動態。[10]

根據泰國官方打造的故事版本，蒲美蓬英明智慧，親和愛民，在位期間一直努力不懈，改善人民的生活。大多數泰國窮人至今仍然崇拜蒲美蓬，也從未質疑這說法。他們將蒲美蓬視為他們的保護神，反之，在他們眼中，那些貪腐的政客與官僚一直視他們為糞土，從未替他們做過任何事。但自從塔信．西那瓦打破泰國政治慣例、於二〇〇一年成為總理之後，他們成為塔信的死忠支持者。塔信從不鄙夷平民百姓，還努力訂定、實施直接嘉惠百姓的政策。人民因此熱愛塔信，並且在二〇〇五年以壓倒性多數票讓塔信連任總理。根據詹姆斯．史坦（James Stent）的觀察，塔信從政的作法，永久性改變了泰國：

> 塔信很精明，他認清一件事：泰國大多數選民是鄉村地區居民，而隨著幾十年來持續不斷的經濟發展，鄉村居民雖然仍然在睡，但已經是開始輾轉反側、隨時可能覺醒的巨人。一旦他們覺醒，鄉村地區的選民將不會再任人擺布。[11]

二〇〇六年，當泰國慶祝蒲美蓬國王登基六十年時，塔信與泰國傳統當權派之間已經爆發激烈政治衝突。就在六十週年慶結束三個月之後，軍方在傳統統治精英的全力支持下，經國王的默許推翻了塔信。所謂蒲美蓬登基以來不斷進行改革、使泰國從軍事獨裁邁入長治久安民主國的神話不攻自破——突然間，泰國的情況似乎是一直沒有進展，只是不斷繞著圈子而已。

當權派原本就對鄉村地區選民嗤之以鼻，認為這些人不過是沒有受過教育的窮苦百姓，會乖乖接受政變事實，而且很快就會將塔信淡忘。但他們弄錯了。在二十一世紀的今天，泰國鄉村百姓已經不再是精英眼中那些可以隨他們操控的順民了：

泰國偏遠的農鄉……一九五〇年代那個人民必須崇神敬鬼、必須向官員獻媚，那個縮衣節食傳統生活方式代代相傳、幾乎從不改變的世界，已經發生了巨變。今天的鄉民已經能透過電視、行動電話、小貨卡與外在世界相聯，他們的家人還能在曼谷打工賺錢。許多計程車司機來自泰國東北鄉間，他們都告訴我，「我們其實沒有城市人心裡想的那麼笨。我們過去是很笨，但這已經是過去了。」[12]

塔信被黜的事件讓北部與東北地區的農村選民震驚不已。這些選民絕大多數相信，蒲美蓬國王在過去的政治危機中都曾介入干預，以重建民主，保障農民權益，這一次也不會例外。但之後事態逐漸明朗，保王派竟然支持這次政變，農民的困惑逐漸轉為幻想破滅與憤怒。史崔福對這段過程有以下評論：

這次政變以及其後情勢發展造成一場意識形態內爆，這場內爆很可能以一種漫無章法的方式，將泰國歷史推出它據有半個世紀的溫床，導致它的報應……

泰國歷史已經改弦易轍了。或許應該這麼說更恰當：一種不斷進步、邁向民主的幻覺已經破滅，並暴露……統治精英與知識分子以獨裁為核心的心態，統治精英與知識分子一直就在密謀合作，保持泰國社會與歷史平靜無波，好讓他們有系統的、以不公不義的手段進行統治。而獨裁心態正是這種密謀的主要部分……

生活在這種政治壁壘另一端的泰國大多數人民，已經對當局越來越不信任，越來越憤怒……北部與東北地區民怨已經沸騰，似乎當局的一切作為目的都在挫折大多數民意。至高無上者顯然沒有與「人民」站在一起。[13]

之後幾年，情況越來越明顯，王宮非但沒有以一種國家統一象徵的立場，超乎黨派政爭之上，甚至還捲入接二連三出現的各項衝突。數以百萬計的農村與城市窮人開始醒悟，發現他們聽慣了的那套故事全是謊言。社區電台逐漸開始放言無忌，挑戰官方意識形態。在這些電台的協助下，窮苦百姓決心自我教育，了解事實真相。另一方面，越來越多思想進步的城市中產階級也開始質疑自己過去對王室的想像。在曼谷大多屬於保王派的資產階級中，他們雖說只是少數，但他們之中有許多是最優秀、最有前途的泰國人——特別是其中一些年輕泰國人，對泰國劣質教育系統灌輸的那種死記硬背、不重好奇自發的作法尤其惱火不已，他們渴望更大的自由與開放。在二十一世紀以前，不相信保王派那些鋪天蓋地的宣傳的泰國人，只會感受隔絕與孤獨，他們不敢公然吐露自己的觀點，因為社會上大多數人會將他們視為異端。但隨著社群媒體在熟諳網際網路的年輕一代泰國人中蔚為風氣，志趣相投的年輕人首次有了一種相對安全的溝通方式。數以十萬計的人在臉書開帳戶，用假名建立檔案以逃避褻瀆王室法檢控，之後就開始在線上社區交換資訊與見解。蒲美蓬在二〇一〇年流血事件爆發時沒有干預、制止，遂成為讓好幾百萬泰國人——特別是紅衫軍與其支持者——起而抗爭的最後一根稻草。在二〇一〇年五月那場衝突中，當軍隊向守在曼谷拉差阿帕森鬧區的抗議群眾逼近、死亡人數不斷升高時，一座高架路橋上的一幅標語可謂道盡抗議者的心聲：「我們的父在哪裡？」

反王室情緒早自二〇〇六年起已經持續發燒，但當它在二〇一〇年九月十九日大舉爆發時，它不僅以雷霆萬鈞之勢一舉打破褻瀆王室的禁忌，還將當局多年來不斷向泰國人民灌輸的那種服從、尊敬當局的社會規範摧殘淨盡。它撼動了泰國社會的傳統階級世界，讓統治精英嚇得魂飛魄散。那一天在抗議現場採訪的記者尼克・諾斯蒂（Nick Nostitz）說，「這一天的歷史重要性不能輕估，特別是由於這場抗爭的有機特性，一切都是自動自發，根本沒有組織，也沒有領導人領導抗爭。」[14]這次事件所以對泰國既有權力結構這麼有威脅性，不僅因為抗議群眾的言詞主張破天荒地大膽、肆無忌憚而已。更讓當權者憂心的是，它顯示，許多世紀以來，一直是泰國不平等與剝削性社會與政治結構基石的王室神話，已經逐漸沒有人相信了。

當他的道德權威面對這場史無前例的大挑戰時，蒲美蓬置身四英里外湄南河西岸詩里拉吉醫院（Siriraj Hospital）十六樓的套房。他在一年前住進這家醫院，之後一直住在裡面，儘管醫生宣布他已經無礙、可以出院，蒲美蓬仍然不願或不能出院。在二〇一〇年八月為慶祝王后詩麗吉生日而做的一次電台廣播中，她堅持她的丈夫情況很好：「現在他的健康狀況已經大幅改善，不過醫生仍要求他繼續留院做物理治療，讓他先能夠有勁地四處行走，之後再出院。」[15]這話不實。

早在二〇〇九年十月，醫生已經表示蒲美蓬可以出院回家。而且蒲美蓬可以在他的任何一座王宮，獲得金錢可以買到的、最好的醫療服務。事實真相是，他不願離開詩里拉吉醫院。他似乎是在逃避身為國王的重擔。

蒲美蓬在整個在位期間，一直是位孤獨、與社會隔絕的人物。特立獨行的保王派領導人素拉·司瓦拉差（Sulak Sivaraksa）在一九九二年接受美國雜誌《夥伴關係》（*Fellowship*）訪問時說：

他是非常好的人，但他沒有朋友，而他也知道這一點。他身邊的人只會巴結他，奉承他等等。根據佛教教義，好朋友的概念非常重要。所謂好朋友是願意告訴你事實真相，願意批判你，願意告訴你你有什麼弱點的人。生而為人，我們都有弱點。有時我們知道，有時我們不知道……不幸的是，無論你當了國王、或總統或什麼，一旦你這麼高高在上，大家只會奉承你。他們不斷奉承你，久而久之你也相信他們的話了。[16]

泰國元老政治家、國王心腹成員之一的阿南·班雅拉春（Anand Panyarachun），曾在二〇〇七年告訴美國大使鮑斯，說他很擔心這種環境對蒲美蓬心理健康的影響：

阿南說，他擔心的主要不是國王的生理健康，而是國王接受客觀忠告、獲得益友之利的能力。阿南認為，在王宮工作的人有半數為的只是取得身分地位以販賣影響力；只有約三分之一的人純粹只為替國王效命而進入宮廷。阿南說，國王很孤獨，而且在大多數情況下，不能選擇與自己一起共度時光的友人。[17]

二〇〇九年底，由於蒲美蓬住院期令人費解的一延再延，執政民主黨副黨魁素貼．特素班（Suthep Thaugsuban）等幾位與美國大使館有關係的泰國政治人物告訴外交官員，他們認為蒲美蓬患了嚴重的憂鬱症：「素貼邊以手敲額邊說，國王的生理健康並無問題，但讓人擔心的……是他的心理狀態，在他生命的尾聲，王國國事令他沮喪。」[18]

住在不通音訊的醫院，年老體衰、而且可能已因憂鬱而癱瘓的蒲美蓬，似乎已經在如何解決泰國這場危機的過程中放棄了一切積極角色。隨著他的衰老，王室的權威也逐漸褪色。將泰國傳統階級社會維繫在一起的凝聚力，已經出現裂痕，而且正在崩解。在一些很難得的場合，國王也會在曼谷某地出席一項儀式或活動，但每次都會返回他在醫院的那間御用套房。有時他也會坐在輪椅上，來到醫院設於湄南河畔的碼頭小停，通常伴在他身邊的，都是他寵愛的那隻狗「通丹」（Tongdaeng）。九月二十九日，身穿禮服、結著黑領結的蒲美蓬，坐在輪椅上，來到醫院另一角落，出席一場為他舉行的音樂演奏會。他面容枯槁憔悴，抹抹灰白已經爬上他齊整中分的頭髮。他面無表情地坐在那裡，聽泰國愛樂樂團（Thailand Philharmonic Orchestra）演奏他在許多年前創作的幾首爵士樂曲：「藍色的日」（*Blue Day*）、「無月」（*No Moon*）、「我從不夢想」（*I Never*

Dream）、「日落之愛」（*Love at Sundown*）、「落雨」（*Falling Rain*）與「國王陛下藍調」（*H.M. Blues*）等等。當年他還年輕，正與詩麗吉談戀愛。主辦這場音樂會的人說，選在這一天辦這場活動，是因為三十四年前這一天，國王曾在坐滿學生的會場演奏音樂，那是他最後一場演出。蒲美蓬過去經常在眾人面前演奏音樂，但在一九七六年九月二十九日以後，他沒有再這麼做。沒有人說過為什麼。一週以後發生在法政大學的屠殺學生事件，讓一切泰國和諧的謊言無法自圓其說；之後長達多年的那段黑暗、偏執與分裂的歲月，也讓人心碎。蒲美蓬從那場危機中走了出來，並重建他的名聲。但如今泰國又一次跌進更深的危機，他似乎有些迷惑，而且無能為力。蒲美蓬已經是一位靈魂人物，一旦他的權威與生命力漸趨黯淡，泰國也開始在他身周崩解。

很久以前，當他帶著未婚妻詩麗吉，乘坐柴油動力遠洋輪「賽蘭迪亞號」（*Selandia*）從歐洲返回泰國，參加一九五〇年他自己的登基加冕大典時，這位年方二十二歲、即將成為拉瑪九世的青年，在旅途中獲得準岳丈納卡拉·曼加拉（Nakkhatra Mangala）親王（當時也在船上）的一句忠告。多年以後，蒲美蓬在一九九〇年代與替他作傳的威廉·史蒂芬森（William Stevenson）聊天時憶起這段往事。蒲美蓬說，岳丈當時對他說，皇家儀式與傳統極端重要。曼加拉警告他說，「一旦神話破產，一切隨之崩潰。吳哥窟曾是一個偉大帝國的心臟，而今已經爬滿了猴子。」[19]

在二〇一〇年九月十九日傍晚，情勢已經明朗：泰國統治階級的神話即將逝去。蒲美蓬的王國已經陷入危機。

第二章

「既已來到忘憂之地，就別那麼認真吧！」

——歡迎來到笑的國度

泰國人從很小的時候，就在耳提面命中知道蒲美蓬這位英明睿智、超凡入聖的國王，經過六十多年奮鬥，為泰國帶來進步與發展。這是王室新聞廣播、學校教科書、官方歷史、報紙與宣傳影片每天宣講的故事。泰國各地教室一定懸掛著一幅國王照片，照片中的國王總是慈祥地凝視著教室中的莘莘學子。老師也一定會告訴學童，在整個泰國歷史中，為泰國人民提供一切的總是他們的國王，因此他們應該對國王感恩戴德。一本小學教科書對這個議題有以下解釋：

> 古早以來，泰國國王就都是憂國憂民、愛民如子的賢君。身為領導人，國王奮力謀求國家繁榮興盛，讓人民都能過得和平而幸福。我們因此應該永遠崇敬王室。[1]

勞工運動人士娟雅·「勒」乙普拉沙（Junya 'Lek' Yimprasert）寫了一篇慷慨激昂、名叫「我為什麼不愛國王」的文章，文中描述當她在一處農村社區長大時，對蒲美蓬國王與詩麗吉王后的愛慕之情如何深深刻印在她心目之中：

> 年輕而美麗的國王與王后、以及王子與公主的舊照片，一直就掛在我們家那面空曠的牆壁上。無論這棟房子重建了多少次，這些照片總是伴著我們，也總會在一番周折之後回到牆上最高的位置。我上一次探訪老家的時候，它們仍然掛在那面空曠的牆壁上，照片畫面已經褪色，角落也已雨跡斑斑。

早在我剛能張眼的時候，我就見過國王的照片。早從剛能說幾個字的那一刻起，大人已經告訴我，我們必須愛國王與王后，因為這是我們的國王與王后。

大人要我們相信，他們是最偉大的國王與王后，而且在那個時代，電視裡時時刻刻播的也都是王室如何為國為民、樂善好施，有這許多證據，我們自然深信不疑。我們家裡沒有人曾經親眼見過國王，但我們都愛國王，因為每個人都說他是一位好王。

在我很小的時候，我們常到鄰居家裡看電視。我的祖母與母親迷上每天晚上八點鐘的例行王室新聞。對她們來說，收看王室新聞已經成為做個好公民的一種必行守則。當政府要每個人為國王點一根蠟燭祈福時，她們二話不說，立刻照辦。她們真的非常愛慕英俊的國王與美麗的王后，愛慕那位年輕的王子與幾位公主，只要一有機會總不忘讚美他們的高貴優雅……

早在我懂得思考愛的真義以前，我就是這樣愛著我的村子，就是這樣「愛」國王與王后。[2]

對泰國現代王室的崇拜，來自至今在泰國仍有巨大影響力的傳統信念。有關泰王的神學理論，有三縷屬靈的故事情節交織在一起。首先，年代古早的萬物有靈論在泰國仍然相當盛行。對許多泰國人而言，法術是真實存在的東西，而且這世上充滿神靈，需要人們安撫與尊敬。根據這個傳統，泰國王室擁有特定法力，在確保不僅是社會、還包括自然界的和諧與秩序方面，扮演重要角色。這些信念又與源自印度、襲捲東南亞的世上兩大宗教——印度教與佛教——重疊。泰國人從奠基於吳哥窟、自九世紀到十五世紀間風光一時的高棉帝國處，取得其中印度教的王權觀念。根據這一派觀念，國王是半人半神，是活著的神或「提閥羅」（devaraja），國王的法統來自他神聖的血。根據今天大多數泰國人信奉的南傳佛教，國王是一位法王（dhammaraja），而法王的法統地位來自他偉大的精神力。這兩派觀念就本質而言相互矛盾——根據印度教，國王生來偉大，而在佛教，國王必須展現好行為才能成其偉大。但輪迴轉世與來生的觀念為這種矛盾解套，讓這兩種思想可以並存不悖。因為依照輪迴之說，只有前生極具智慧、表現非常好的人才可能出生皇家。國王的皇家血統已足以證明他有純淨的靈魂。

但做為泰國政治與社會結構基礎的現代泰王法統理論，不是什麼來自遙遠過去、稀奇古怪的文化遺產。在二十世紀，全球各地王室一個接一個垮台，暹羅（泰國古名）也發生一場不流血革命，剝奪了國王的絕對權力。當時王宮與王室支持者為保住自己的身分與權勢，展開一項行動，意圖重建王室尊榮。班尼迪・安德森對這個議題有以下觀察心得：「在政治系統積極追求實權的『王權主義』……在現代暹羅一直以一種古老得有趣的形式進行著。」[3] 達尼・尼瓦（Dhani Nivat）親王在一九四六年發表的一篇著名演說，是這場重塑皇家形象過程的重要關鍵。當時蒲美蓬也在座。達尼引用英國人類學家馬林諾斯基（Bronislaw Malinowski）的話說：

> 一個社會若能神聖化它的傳統，便可以透過這種傳統取得難以估計的權力與持久性優勢。這類信仰與習慣能為傳統罩上一道神聖的光環，能為傳統蓋上一個超自然的印記。也因此，對於蘊育它們、讓它們逐步成形的文化類型而言，這類信仰與習慣具有一種「生存價值」…它們是付出極大代價買來的，必須不計成本予以維護。[4]

這段話對二十世紀泰國保王派有巨大影響。曾在一九二〇年代擔任泰王拉瑪六世與拉瑪七世顧問的英國學者卡里奇・威爾斯（H.G. Quaritch Wales），深受馬林諾斯基的影響[5]，而蒲美蓬也曾告訴替他作傳的威廉・史蒂芬森，說這段話讓他「印象深刻」[6]。泰國保王派經過非常周詳的深思，以非常有系統的行動，在他們可以牢牢掌控的社會秩序上構築了一道神聖的光環。

他們憑想像編造了一個歷史故事，將王宮描述成泰國成功與和諧的聖殿。這一點也不新奇——歷史本來大體上就是勝利者寫出來的。由於許多世紀以來，官方史一直是宮廷監督下的產物，在闡述歷史事件時，保王派長久以來總能提出對他們最有利的版本。泰史學者特維爾（B.J. Terwiel）曾經比較暹羅與緬甸官方史，發現泰國官方紀錄篡改幾宗歷史事件，刪除了戰敗、叛亂、以及曾向敵國稱臣、淪為敵國藩屬一類的史實[7]。王室成員與他們的核心幹部費了很大工夫塑造歷史——二〇一一年出版的半官方傳記《蒲美蓬・阿杜德國王：一生的奮鬥》（*King Bhumibol Adulyadej: A Life's Work*）就是最新的例證[8]。

泰國官方以線形敘事的方式分三個階段說明泰國歷史：一二五〇年左右到一三五〇年的素可泰王國（kingdom of Sukhothai）；一三五一到一七六七年的阿瑜陀耶王國（kingdom of Ayutthaya）；之後出現一個鮮少詳細論及的斷層，接下來是一七八二年定都曼谷的時代直到今天。為佐證從泰國歷史最早的開端起，泰王就是仁慈、進步的君主，保王派在很大程度上，依賴刻在一根石柱上的一段碑文。這段碑文的年代顯然可以回溯到一二九二年，用的是一種其他地方都找不到的奇怪字體。根據碑文的內容，南甘杏（Ramkhamhaeng）國王統治下的素可泰王國是一處世外桃源，人民安居樂業，只要搖一下擺在王宮外的鈴，無論什麼問題都能迎刃而解：

在南甘杏國王在位期間，素可泰是繁華興盛的人間樂土。水裡有的是魚，田裡有的是米。大君讓他的子民在路上隨意行走，不收路費；人民趕著牛、騎著馬上市集做交易；想買賣大象，儘管去做就是；想買賣馬匹，儘管去做就是；想買賣金銀，儘管去做就是……大君在宮廷大門進出的地方懸了一個鈴；境內任何平民百姓若有痛心疾首的怨屈，想向大君申訴，很簡單；只要來到王宮門前敲一下國王掛在那裡的鈴就行了。身為王國統治者的南甘杏國王聽到鈴聲就會出來，問那個敲鈴的人，聽那人陳述案情，還他一個公道。所以素可泰……人民都讚美這位賢王。[9]

一九七四年，克立・巴莫（Kukrit Pramoj）親王在一篇向美國商會發表的演說中盛讚南甘杏之德，還說「不知道你們有沒有注意到，這段碑文最後一部分提到的，是人類史上頭一遭二十四小時全天候服務」[10]。根據這篇官方故事，在這世外桃源一般的人間樂土，泰國人民快樂而自由——事實上，泰國人普遍認定，正因為自由一直是素可泰王國人民最基本的特質，「泰」這個字的字面意義就是「自由」。

保王派神話的另一要件是，拜國王英明之賜，暹羅得以免遭殖民統治。根據官方版本，蒙固（Mongkut）親王與他的兒子朱拉隆功（Chulalongkorn）——即拉瑪四世與拉瑪五世——很巧妙地讓世界列強彼此捉對廝殺，證明泰國像最先進的西方國家一樣文明，從而保障了泰國自由。通猜（Thongchai）指出，「每一個泰國人，無論教育背景如何，都知道泰國史的第一鐵律，那就是，感謝卻克里王朝諸賢王英明偉大的領導，暹羅從未淪為西方列強的殖民地。」[11]

蒲美蓬在位期間，當局用這種經粉飾的歷史做基礎，建構一種保王論，將泰王描述成不僅愛民如子，而且同時既神聖又民主的君主。達尼．尼瓦親王強調古時泰王的家父長特質：「在打仗的時候，國王當然是人民的領導人；但在承平期間他同時也是萬民之父，民眾無論有什麼事都會找他徵詢，而他的判斷也為全民所接受。」[12]泰國將蒲美蓬的生日訂為父親節，將詩麗吉的生日訂為母親節，進一步強化了這項概念。泰國當局鼓勵國人建立與王宮的個人歸屬感，就像孩子仰望「國民之父」一樣。憲法學者博沃薩．烏瓦諾（Borwornsak Uwanno）說，「泰國境內無論出了什麼問題，無論是鬧水災、旱災、饑荒，或是發生政治危機，泰國人總是指望國王出面，就像生了病的孩子希望父母能在身邊照料他們一樣，這一點應該不足為奇。」[13]

通猜指出，「這一切意味，現年六十歲或不滿六十的泰國人，都是在一種鋪天蓋地、前所未見的尊王氛圍中成長的。」[14]但創造這種尊王宗教絕非泰國當局獨立完成的傑作。美國為泰國的對內宣傳提供經費，鼓勵同情泰國的美國媒體報導泰國，將蒲美蓬描繪為一位萬民擁戴、仁慈親和的現代君王藉以反制共產主義，也扮演了一個重要角色。

當蒲美蓬在一九四六年登基為王時，大多數人認為他的氣數不會久長。當年適逢二次世界大戰戰後，美國與英國正在角逐主控泰國的霸權。而美國媒體一開始一般不看好蒲美蓬，認為他代表的是陳腐的階級傳統，而這種大英帝國影響力造就的時代已經走入歷史煙塵。在蒲美蓬於一九五〇年從歐洲返國，參加他的正式登基加冕大典時，四月三日一期《時代雜誌》以一幅蒲美蓬漫畫像為封面，畫中的蒲美蓬身著全套皇家禮服，還戴了一副超大的眼鏡，標題是：「既已來到忘憂之地，就別那麼認真吧！」

美國在這場奪取泰國主控權的角力中輕鬆擊敗英國，而且很快發現，在對抗東南亞地區共產主義的戰爭中，泰國地位至關重要。當拉瑪九世於一九六六年五月第二次登上《時代雜誌》封面時，畫面中的蒲美蓬穿著軍服，面容堅毅，身邊伴著笑盈盈、頭上還插著花的詩麗吉；封面標題是：「一位為自由而奮鬥的國王」。在那一期的封面報導中，《時代雜誌》說，泰國王室為對抗社會主義惡性擴張，已經走上前線奮戰：

> 在一個柔情似水的春夜，儘管曼谷人車擁擠的路面依然吵雜不堪，酒吧間霓虹燈也依然閃爍不停，玉佛寺（Temple of the Emerald Buddha）塔尖的點點星光竟似乎能超脫在這東南亞大陸第一大城一切喧囂之上，清麗脫俗，不染紅塵。承襲一連七個世紀、未受異族統治光榮傳統的泰王國，似乎也像玉佛寺一樣，鶴立雞群，冷眼俯瞰周遭這一片動盪紛擾。
>
> 鄰國寮國已經有半壁江山淪入共產黨手中，運數不佳的高棉已經為越共盤踞，而緬甸是一個鬧恐外症的軍事死水國。不到一百哩外，中共張著利爪，作勢欲撲。美國戰鬥轟炸機從泰境基地起飛，不過二十分鐘就能抵達北越。今天的中南半島，充斥著共產侵略、貧窮、苦難、文盲、苛政，以及國破家亡的憂患意識，情勢緊張而嚴峻。
>
> 只有一個重要的例外：蒲美蓬．阿杜德國王與詩麗吉王后陛下治下繁華富裕、充滿笑容的泰國。據有東南亞地緣政治腹地的泰國，像一塊安定、平和而強大的綠地，從緬甸一路延伸到馬來半島。過去的暹羅只有在神話傳說中才出現，富產稻米、大象、柚木與傳奇，而今天的泰國（字面意義就是自由之土）是一塊欣欣向榮的樂土，人民樂觀進取，決心為自由而奮戰，它令北京膽寒，讓華府額手稱慶。[15]

曾在一九六三至一九六八年間供職泰國美國新聞處的保羅．古德（Paul Good），對美國在這段期間的宣傳有以下描繪：

> 為了讓泰國人團結一致、支持他們的國王，我們設了一個計畫……我們實際上等於是泰國政府的一個公關部門。我們散發國王的照片……
>
> 我們所以這麼做，意在讓泰國人民知道國王想著他們，國王照顧他們，也樂意傾聽他們的心聲。我們認為，如果泰國人民支持他們的王，泰王會形成凝聚力，成為一切矚目的焦點，讓源自越南、透過寮國與高棉而來的共產影響力在泰國無法掀風作浪。這是我們的理論。我們發送了大量蒲美蓬國王的照片，這些照片都是在我們設在馬尼拉的印刷廠印製的。[16]

之後幾十年，由於美國大力宣傳、泰國當權派的灌輸尊王、隨風起舞的地方報紙，也因為西方媒體對這個充滿異國風情、有關一位國王如何奮戰共產主義的神話也欣然接受，如今眾所周知的新神話出現了。在這動盪多事的地區，泰國是自由與和諧的天堂，泰國人民個個古道熱腸、樂善好施，過著無憂無慮的生活，而這一切都得感謝一位國王的奮力付出，以及他無比的道德權威，這位國王就是像聖人一樣、會吹薩克斯風的蒲美蓬國王。

同樣出現在《時代雜誌》、皮柯・艾爾（Pico Iyer）在一九八八年寫的一篇文章堪稱典型。艾爾在這篇文章中將泰國描繪成「一個旅行社的夢想：用第三世界的價格就能買到第一流的服務，既能飽覽異國風情又不失優雅」。文中指出，泰國軍方雖然動輒政變奪權，但對大局並無妨礙，因為廣獲尊崇的王室能提供政治穩定：「儘管像龍捲風一樣的政變層出不窮，但這塊土地本身卻總能保持相對平靜，而且泰人一直是美國最堅定的友人之一：政府無論怎麼變，王室仍然不變。」對於泰國龐大而工業化的性產業，艾爾在字裡行間也似乎頗為欣賞：「這裡的夜世界，有燈紅酒綠的酒吧與迪斯可舞廳，有富麗堂皇、樓高四層的按摩院，魅力不輸世上任何地點……可以照顧飽暖之後的需求。」他在文中還談到購物，說曼谷是「東方折扣價的地下室」。艾爾也以生花妙筆談到王室在這價廉物美極樂之鄉扮演的角色：

這是一塊建構在真實世界上的忘憂之地；這是一個由一位文藝復興的國王與他典雅美麗的王后統治的王國；王國境內處處是閃閃發光、散著蘭花芬芳的廟宇，有鬱鬱蔥蔥的叢林，有棕櫚送爽的白色海灘，首都沿林蔭夾道的運河而建；這是一處溫柔可親的佛教天地，這裡的人笑口常開、親切有禮，讓「觀光工業」一詞聽起來很矛盾。或許在這塊「笑的土地」上，最迫切的問題只是它太令人難以抗拒罷了。[17]

事實上，這塊「笑的土地」還有更大的問題——它並不存在。這塊所謂忘憂之地並非建構在真實世界上，它只是空中樓閣的幻想。世上所有國家的統治階級無不想打造傳統、鞏固他們至高無上的地位，與客觀現實大有出入的民族主義故事也絕非泰國獨有的專利。但即使在這種背景下，泰國官方歷史也離譜得令人稱奇。仔細檢驗泰國官式說法會讓人頭昏腦脹，因為這麼做的人會發現，它幾乎沒有一句是真的。

泰國統治階級很忙碌，不僅要編造神話、鞏固他們的法統，還要保護這個神話世界，對抗現實的鯨吞蠶食。透過高壓與脅迫，「笑的土地」神話存活了下來。「泰國性」（Thainess）是尊王神話的一種關鍵性概念，根據尊王神話，所謂「泰國性」是一種民族特質，只有掌握這種特質才能成其為「泰」。泰國性包括一套行為與信仰準則，內容主要是尊敬當局、服從社會上司，當然還包括對國王毫無質疑的愛。誠如大衛・史崔福與桑納波・雅沙庫（Thanapol Eawsakul）所說「至少從一九六〇年代起，所有一切有關泰國性的定義，無不以王室為中心要點」。[18]崇拜王室成為泰國認同不可或缺的要件，任何人膽敢質疑王宮在泰國政治與社會的中心地位，就會被打成「非泰」。死硬民族主義者總是大聲詰問異議人士，問他們究竟是不是泰國人，還說，如果他們不喜歡泰國的方式，就應該離開泰國。

當局透過教條灌輸，將泰國性強加在全國國民之上，例如學童經常得在老師面前拜倒在地，不遵守行為規範的人會遭社會制裁等等。但當局還運用嚴厲法律手段——特別是褻瀆王室法——對付詆毀泰國性的人。在泰國，詆毀泰國性是刑事犯行。褻瀆王室法從未大規模執法，在泰國現代史上絕大多數時間，每年只會有少數幾人遭到起訴，而且過程往往顯然武斷，起訴對象一般既不是連續犯行，也不是明顯危及國家安全的重犯。這是當局一項刻意為之的策略。美國大使館在一份祕密電文中，引用「殺雞儆猴」的諺語說明這項策略。[19]當局每年找幾個不慎陷入法律夢魘的倒楣鬼開刀，只因他們小小發了一些牢騷就將他們下獄許多年，讓社會大眾不敢稍越雷池。

以下有幾個例子。熱門紅歌手潘絲麗・普楚利（Pensri Poomchusri）與她的丈夫蘇瓦・哇拉迪洛（Suwat Woradilok）在一九五七年被控，原因是鄰居告發這對夫婦，說他們為他們的狗取名蒲美蓬與詩麗吉。這件案子一直上訴到最高法庭，最後最高法庭判處蘇瓦下獄五年。一九八三年，女學生拉塔娜・尤哈潘（Rattana Utthaphan）寫信給她仰慕的蒲美蓬，懇請他放棄王位從政，結果坐了六年牢。一封美國外交電文引用泰國律師東拜・東波（Thongbai Thongpao）的話，提到過去另幾件荒誕的案子：

> 代表過無數褻瀆王室罪被告的著名律師東拜，對褻瀆王室法有特殊的歷史省思。他在九月一日告訴我們，他接了這麼多案子，只有一件最後獲得無罪宣判，而且所以能打贏這件案子，主要還是靠一個法律技術問題。在量刑是否過苛的問題上，他舉了許多例子，說明許多人只因他眼中的芝麻小事而被判刑四年：一名男子被判刑，只因他說沒有必要在會議室懸掛國王與王后肖像；一名報紙專欄作家在文章結尾附了一句，「在這塊盲人的土地，獨眼人是國王」，也被判刑四年。對東拜而言，最主要的問題是，褻瀆王室罪像泰國整個法律的執法一樣，都不公正。[20]

泰國當局說，他們是應民眾之請而執行這條法律，民眾因為太熱愛國王，不能容忍國王遭到褻瀆。史崔福指出這個論據的弱點：「為這條法律辯解的人有個大漏洞，就是：如果泰國人民真的這麼熱愛王室，泰國何需動用這樣一條現代世界僅見、最嚴厲的褻瀆王室法。」[21]統治精英對社會各階層言論進行鎮壓，讓一切異議噤聲。安德魯・圖登（Andrew Turton）在研究泰國農村地區之後發現，傳統上窮人「沒有聲音」：

> 他們如果提高嗓門抗議他們的處境，或批判一些他們認為對他們不利的官方新方案，當局只是充耳不聞，因為他們的聲音沒有份量……也或許其他人的權威論述讓他們受到太大壓力，迫使他們不開口。

圖登說，「窮人不是無話可說，也不是不想說。」他指出，窮人在私下裡解釋自己何以閉嘴時常說，「我想到自己想說的話，只是不能說出口。」[22]

幾位學者已經注意到，在泰國，一切事物都得有一個美好、悅人的表面，這對泰國人特別重要。彼得・賈克森（Peter Jackson）稱這種現象是「泰國的形象之道」。[23]羅莎琳・摩里斯（Rosalind Morris）則說它是泰國的「面子秩序」與泰人「對表面工夫的熱愛」。[24]許多人認為，非常重視正面形象，或者說「死要面子」，是泰國人的一種共有屬性。無數幫助外籍人士調適泰國文化的指導手冊都提出警告說，讓泰國人「丟面子」是嚴重違反泰國社會禮俗的行為。根據這項禮俗，哪怕現實再不如理想，泰國人也應該保持緘默，面對讓人感到不快的事實真相，應該婉轉迴避，絕不可以貿然直說。萊恩・畢夏（Ryan Bishop）與莉莉安・羅賓森（Lillian S. Robinson），在一篇對泰國性產業的研究中描述這項禮俗的後果如下：

就像名譽或「愛面子」一樣，「不能說」也成了一種社會禮儀與規矩。在大多數情況下，只要一提到任何反映泰國負面的議題，都會遭到駁斥或一口否認，這或許部分得歸咎於幾十年來的媒體檢查。特別是王室與性產業，尤屬禁忌。泰國人在與少數親朋好友相聚時，儘管也會閒聊這兩個議題，但一旦與較多的人相處，特別是一旦有同事、或有社會階層較高人士在場時，同樣這些泰國人會對這類議題閉口不談……政府也大力鼓勵這種顧左右而言他式的欺騙：就這樣，文化失語症成了泰國人揮之不去的夢魘。[25]

在這種環境下，說出明顯的事實可能導致難以想像、彷彿烈火燎原一般的後果。二〇一二年五月，搖滾樂紅星卡卡女神（Lady Gaga）在飛到曼谷，準備出席一次門票早已銷售一空的演唱會時，為她的兩千四百萬推特跟隨者發了一封喜孜孜的簡訊：「寶貝們！我剛抵達曼谷，準備為五萬狂呼吶喊的泰國怪獸們獻唱。我一定要去仕女市場逛個痛快，買一支勞力士假錶。」[26]仿冒豪華名錶在曼谷後街陋巷公開販售，是觀光客到曼谷旅遊最愛買的紀念品。但這是泰國人不願掛在嘴上的禁忌議題，卡卡女神公開提到假錶，違犯了泰國這項不成文規矩。數以千計泰國群眾湧入社交媒體與線上論壇，譴責卡卡女神。一項抗議大會迅速組成，泰國智慧財產權部總監也認為茲事體大，發表聲明譴責卡卡女神這篇推文，說它「冒犯、侮辱，並且為國家造了一個壞形象」，還要求她對這件事正式回應。[27]

就算事情遠遠超出泰國司法管轄權該管之外，泰國當局也會想方設法，封殺他們不喜歡的關於泰王的形象，這是泰國當局最了不起的成就之一。二〇〇二年，美國費城地方報《城市報》（*City Paper*）刊了兩次聖傑克（Saint Jack's）酒吧的廣告。廣告中畫著一個一身嘻哈裝扮的蒲美蓬，戴著鑲寶石墨鏡，漂染成金色的頭髮剃出一道邊，身上還穿了件有愛迪達標誌的袍子。這廣告造成一場外交風暴。爭議爆發以後，設計這廣告的史蒂夫·韋斯（Steve Weiss）告訴《城市報》，「我基本上只是採用一些泰國文化元素，與嘻哈元素組合起來而已。」廣告刊出以後，聖傑克酒吧開始接到泰國打來的、憤怒辱罵的電話與電子郵件。泰國駐紐約總領事沃拉維·衣拉沙班（Voravee Wirasamban）寫信給酒吧經理雪莉·雷文（Sherry Levin），指責這廣告「冒犯了泰國人民」，並要求酒吧「為此一消費我們心愛國王的粗暴惡行做賠償」。他的副手邦山·瓦塔納巴尼（Boonsam Watanapanee）也提出警告說，「成千上萬泰國人會到妳住的地方，到妳的餐廳登門拜訪……那不是好事。」甚至泰國駐聯合國大使也參了進來。聖傑克酒吧最後決定不再刊登這廣告。[28]

由於不願面對這類恫嚇，就算在泰國沒有派駐員工、無須擔心員工安全問題的媒體組織，也無意刊登一切可能為泰國視為「犯上」的東西。泰國統治精英成功傳播了一項概念：任何對保王派神話的挑戰，都是一種嚴重的文化褻瀆犯行，等同對所有泰國人民的褻瀆與滔天冒犯。世上沒有一個國家能像泰國這樣成功運用手段，讓其他國家不敢挑戰它的統治精英神話；中國雖然嚴厲監控境內外國新聞媒體，而且國際影響力也比泰國大得多，但就這方面而言，中國面對泰國卻也只能甘拜下風。

泰國的官方神話之所以如此頑強，一個重要理由是，與當代泰國嚴峻的現實相比，這故事簡直迷人得無以復加。許多泰國人抵死相信蒲美蓬的賢德英明，因為他們在整個泰王國現代史上，實在找不出其他什麼讓他們有信心的東西。剝削與貪腐早已在泰國社會各階層根深柢固。政府要職永遠被把持在黑幫「教父」或他們的妻子、兒女與商業夥伴手中，這類人物大體上不諳公務，但都是侵占與受賄的行家。政客、警察、軍官、大亨與罪犯沆瀣一氣，在全國上下大肆搜刮，而且不必擔心受到懲罰。有組織犯罪網路已經與政府機構親密掛鉤，而且往往讓人難以區分。在二次大戰戰後數十年間，由於都市化腳步過速、海洛因與冰毒像癌症一樣氾濫、加以性產業的無度擴張，泰國社會動盪不安、流離失所。在這陰暗的政治與社會景觀中，拉瑪九世似乎還能為人民帶來一線生機。儘管有這麼多讓人憎惡而失望的理由，蒲美蓬的賢名美譽讓人民以身為泰國人而自豪。這塊「笑的土地」其實並不存在的可能性過於可怕，讓泰國人不敢承認。但大多數泰國人或多或少都知道這神話是假的。

私下信念與公開行為與言論之間如此天差地遠，是極權社會的特性──在極權社會，表面上展現忠誠與崇敬是極端重要的功課。誠如賈克森所說，「泰國權力的特性，在於它極度重視對表面效應、形象、公開行為與表現的監督與控制，但同時對於私生活領域的管控比較不在意。」[29]泰國的政治與社會互動有一種驚人誇張的特質。統治精英透過宣傳與強制性的行為規範，打造一種神話王國假象，泰國人就算發現這些神話荒謬可笑，大多數也假裝相信，並且在行為上配合演出。著名的泰國笑容其實是隱藏情緒的面具。就這樣，儘管心不甘情不願，泰國人大體上還是在統治精英執導的這齣鬧劇中，與當局合作、演好指派給他們的角色。搗亂、不配合演出是非法犯行。根據一通外洩的美國外交密電，一名與王室有來往的美國商人，曾搖著頭對美國大使嘆道，「這些人活在另一個現實中。」[30]

第三章

「超級妄自尊大」

——專制暴政的排場與做作

許多世紀以來，數以百計暹羅王室成員遭到處決，原因通常不外是他們奪權篡位未果，或他們被人奪權、趕下了王位。暹羅如果要處決一個王室成員，就必須以非常特定的方式進行處決。泰王扎洛（Trailok）在一四五六年訂了一套如今對王族仍然適用的大部頭宮廷法，鉅細靡遺闡述了處決辦法。根據扎洛王這套法典，應將這幹了壞事的成員裝進一個絲絨製的大口袋，用檀香木棒活活打死，然後丟進河裡。唯有採用這種處決方式，行刑劊子手才不致違反一項最重要的禁忌：絕對禁止任何人讓王族濺血。絲絨口袋藏匿了將人活活打死的事實，王族的威嚴表象也至少在理論上得以保存。卡里奇．威爾斯（Quaritch Wales）在對泰國王室禮儀的研究中有以下心得：

這種特定處決方式背後有一套理論基礎：血是生命的載具，讓人濺血是致人於死的最顯然之道；這讓人聯想到暹羅漁民的藉口：漁民並未真正殺魚，只是把魚從水裡撈出來，讓魚自生自滅罷了。[1]

從大約一千年前第一個泰王朝建立以來，暹羅統治精英就仗著儀式與戲劇性誇張手法否定現實。所謂中世紀暹羅國王視民猶親、國泰民安的說法純屬虛構。古暹羅其實是一個垂危的專制政權，它只有一個作用，就是控制人民、榨取人民的勞力與稅金。暹羅統治精英認為，由於暹羅國民粗俗無知，絕對王權是最適合的統治系統。卡里奇．威爾斯雖然也有同感，但他對暹羅王室統治的性質不存任何幻想：

在古暹羅，人民只是國王的商品與財物而已，國王擁有控制他們生命與財產的絕對權力，想要他們幹什麼就能要他們幹什麼。除此而外，人民對王一點意義也沒有……

絕對王權既與極度嚴厲的苛政相互搭配，也以後者做為後盾，國王……虐待子民只有一個目的，就是教育他們知道自己的卑賤並學會順服。事實上，採取比較溫和的統治手段會遭人民視為軟弱，因為人民對國王只有恐懼一種感覺——這一點不難理解——而政府也唯有靠專制暴政才能維繫。[2]

走入現代以前的東南亞，基本政治單位是圍繞有武裝防禦的城鎮而建的屯墾區聚落，聚落周遭則是一片荒野。當時東南亞人煙稀少，大部分土地為森林覆蓋。就像今天一樣，水稻耕作是當時最主要的農耕模式。土地雖然多，但人口很少，而水稻耕作每年總有幾個需要密集勞力的活動周期，周期與周期間有較長的農閒時刻。為滿足食物生產需求，特別是灌溉需求，社區政治與經濟結構應運而生——領導人需要控制水源供應，需要控制人力。為鞏固他們的主控地位，僅憑武力還不夠，因為當地民眾若是心懷不滿，大可靠一雙腳穿越森林，或划船過河渡海，尋找另一處村莊，期待換一個比較好的領導人。管理得不好的村落，由於居民越來越少，耕作的農人逐漸逃散，最後難免崩潰。對領導人不滿的人，最基本、同時也最有效的抵抗行動就是一走了之。尼爾・英格利哈（Neil Englehart）對這一點有以下描述：

最極端的不合作策略就是一走了之：放棄領導人提供的一切保護……暹羅的森林濃鬱茂密，山嶺崎嶇難行，人民一旦存心出走，想把他們找回來幾乎不可能。此外，聚落幾乎沒有出入道路，有的只是穿越森林的小徑，殘枝斷木很容易就能隱蓋這些小徑。[3]

為防範人力大舉出走，為鞏固自己的權力，領導人需要不斷追求統治法統。想贏得這種法統，最顯然的辦法就是展示領導能力與統治公平性——盡量擴大社區生產能量，盡量減少社會衝突。但統治家族想確保子孫後代的統治地位，必須想辦法應付一個所有階級統治系統普遍存在的基本弱點：領導人無論再英明，也無法保證子孫後代的治理手段也同樣有效。由於武力與高壓可能導致社區解體，領導人需要一種合法化其統治的意識型態。吳哥窟的高棉統治者從印度教借來「提閥羅」的概念，說統治者身上流的是聖血，是活著的神，藉以鞏固他們的合法性。但在南傳佛教（又稱小乘佛教）自十三世紀以降在東南亞地區盛行以後，領導人是否有能，開始取決於他們的表現像不像「法王」統治者，他們的法統變得主要以宗教德行、而不以聖血為基礎。

最後的反政府抗爭

無政府主義學者詹姆斯．史考特（James C. Scott），在他備受推崇的大作《不受統治的藝術》（*The Art of Not Being Governed*）中指出，東南亞高地山區有許多社區，住著許多當年為逃避政府控制而躲進山區人士的後裔，這些高山族的文化演變重心，有相當部分就在於如何讓政府無法控制他們：「有關高地山區民族的來源，最恰當的說法就是，兩千年來，為逃避政府在農村的倒行逆施，如奴役、徵兵、稅賦、強迫勞役、瘟疫與戰爭等等，農村人民陸續出走、流亡，躲進山區，終於形成高山族。」史考特以山區民族社會與經濟結構，以及它們的文化與意識形態為例，佐證他的理論：

> 這些人民的生計、社會組織、意識形態，甚至他們大體上屬於口耳相傳的文化（這一點較具爭議性），看起來都彷彿是他們為將政府擋在門外而精心擘劃的策略。這些人散居崇山峻嶺之間，他們的流動性，他們的農作收成手法，他們的親屬關係結構，他們富有彈性的種族認同，以及他們對先知與領導人的效忠，都使高地社區與周遭低地諸國有效分割，阻止諸國將勢力伸入高地。

這項假定的基礎，是史考特對他所謂佐米亞（Zomia）地區的研究。所謂佐米亞，包括從越南中央高地，經寮國、中國、泰國與緬甸，直到印度東北地區所有高度超過三百公尺的土地，「裡面住了大約一億名種族與語言五花八門、奇形怪狀的少數民族」。史考特說，佐米亞是「當今世上，境內人民還沒有完全被吸納進民族國家的最大一塊地區」。

過去的人總以為，高山部落裡住的是原始民族，這些高山民族從未建立過比較高等的社會。史考特不同意這種看法。他認為，佐米亞山區部落居民由於曾經歷經低地政權高壓迫害，逃入山區以後刻意選擇他們特有的生活方式，而且他們選擇的方式就部分而言，目的也在於防堵低地國的入侵。史考特寫道，「所有文明的論述都認為人絕不會自願前往野蠻人住的地方，因此它們被汙名化、標籤化。」史考特指出，他「有關這塊邊緣地區的記述，與大多數文明對自身的正統敘述大不相同」：

> 官方記載的故事，一定是一個落後、無知，或許還很野蠻的民族，逐漸融入一個先進、較優越、也更繁榮的社會與文化。但如果，許多這類從來不知王法為何物的野蠻人，或先或後，做出了與低地國家保持距離的政治性決定，一種新的政治架構因素出現了。住在這些無政府邊緣山區的許多——或許大多數——居民，不是早先社會結構的殘留、遺跡，也不是東南亞若干低地國官方史所說的「我們那些活祖先」……他們其實是「有思想的野蠻人」。[4]

無論是在「提閥羅」或在「法王」傳統，權力都能夠自我合法化。在輪迴轉世的屬靈模式中，善行終會得到獎賞，惡行也終會遭到懲罰，縱使今生沒有報應，來世也會有報。多行善事、累積智慧的人，在轉世投胎時就能投入較高層的生命梯階。從最低下的昆蟲與蠕蟲，直到最高層、生在貴冑之家的男性，世上一切生物都離不開這梯階。也因此，有權力的人——即使只因為生在權貴豪門而有權——所以得享權勢高位，靠的是前生種下的「業」。根據這種思維，所謂「權力會腐化人心，因此必須對統治者加以束縛，以防他們濫權」的概念並不存在。不但如此，權力還是統治者行善積德的證據。

統治王朝總是極盡誇張能事地營造他們的美德。誠如史考特所說：

> 野心勃勃的地區首領都熟諳打造統治王朝的象徵性與意識型態性模式，並且照辦不誤，甚至連藉口都懶得找。即使是窮鄉僻壤的小村落的領袖，僅有匱乏的物資與迷你的規模，也想模仿中國與印度的統治型態——此即我所謂的「超級妄自尊大」（cosmological bluster）。[5]

佛教王權的法規未必能迫使國王循規蹈矩，但足以讓他們裝模作樣。卡里奇．威爾斯指出，「不幸的是……歷史很清楚地告訴我們：如同其他地方、其他宗教的教義沒有辦法約束專制暴君胡作非為，佛教教義在暹羅的情況也不例外，而且暴君想贖償一生幹盡壞事的罪愆也很容易：只要迫使一大隊奴隸建個巨型佛塔就行了。」[6]統治王朝捏造神話歷史，為自己的法統與基業營建一種荒唐得不切實際的氛圍。英國歷史學者霍布斯邦（Eric Hobsbawm）在討論歐洲王室神話製造的著作中談到這個現象，他著名的把這現象指為「傳統的發明」：

> 所謂「發明出來的傳統」意指一套慣例，這套慣例通常以公認或默許的規則為基礎，同時還具有一種儀式或象徵特性。統治者希望藉由這套慣例的一再反覆，灌輸某種價值與行為準則，以自然而然建立傳承自過去的連續性。[7]

派翠克．喬利（Patrick Jory）說，以泰國的案例而言，統治階級用來塑造合法性的工具就是「偉大譜系史」。他指出，暹羅統治者不斷想方設法，把他們的王朝與佛經故事——講述佛祖過去以人形與動物形度過的身世——中的諸王扯上關係，並因此自稱與佛經故事中諸王一樣，擁有同樣神聖的法統，這在泰國稱為「巴拉美」（barami），極讚美聖王之意。[8]

高棉帝國在十三世紀逐漸崩解，幾個暹羅城邦乘機擺脫向高棉稱臣的藩屬地位。約於一二三八年間，湄南河中央平原的素可泰城宣布獨立。北部的清邁、南部的碧武里（Phetchaburi）等幾個王國也先後獨立建國。在更南方的北大年（Patani）還建了一個回教蘇丹國。在一三五一年，在阿瑜陀耶城（Ayutthaya）出現了一個敵對王國，與同樣位在中央平原的素可泰角逐勢力範圍。所謂一個明顯可以確認的泰民族，以線形歷史趨勢演進，從素可泰到阿瑜陀耶並逐漸進入現代曼谷時期的概念，完全是泰國保王派歷史學者杜撰的神話。[9]現代泰國官方意識形態極度強調團結一統，用「泰國性」結合境內所有民族，一體共尊那位獨一無二、全民敬拜的王。這樣的意識形態自然無法容忍眾多小邦自成權力中心、各據山頭相互競逐的概念。但事實真相是幾個王國同時並存。直到十九世紀現代民族國家出現以前，這些王國沒有任何明確劃分的國土疆界，其人民也沒有國家認同感。當時的國家其實是一些勢力強大、可以控制附近一些小鎮與村莊的城市，這些小鎮與村莊每年得向城裡的宮廷獻貢、納稅，還得奉令提供人力。在有些地區，兩個或更多城邦的勢力可能重疊，小鎮與村莊得向不止一個宮廷納貢。此外，城邦勢力所及地區的面積大小也並非一成不變。它會隨著統治者的治理能力與軍事力量的變化而不斷消長。華特斯（O.W. Wolters）曾將古時東南亞諸國描述成曼達拉政體（mandala state），並因此名聞一時：

> 早先的東南亞地圖由一些史前小型屯墾區網絡演變而成；我們根據歷史紀錄得知，這些地圖是往往重疊在一起的「曼達拉」——即「國王的圈子」——的大雜燴。每一個曼達拉都有一個王，自稱擁有超凡與「普世」權威，自稱是圈內所有其他統治者的霸主。根據理論，圈內其他統治者都是這個王的臣子與藩屬……
>
> 實際上，曼達拉是一種定位模糊的地理區，並沒有固定疆界，區內有許多較小型的中心，這些小中心一般會向四面八方尋求安全保護……代表一種特定、而且往往不穩定的政治情勢。曼達拉像演奏六角手風琴一樣，時張時縮。[10]

到十四世紀結束時，阿瑜陀耶已經是東南亞大陸地區最強大的國家之一。人力控制絕對是它的成功第一要件。它運用高壓與意識形態手段，厲行一種嚴格劃分的社會階級制度。平民百姓或者交由長官管轄，或者直屬於王，每年必須為長官、或為王工作六個月，有時在他們的軍隊當兵，有時在他們的田裡務農，有時當勞工替他們造橋、鋪路、蓋房子。在這社會金字塔的最底層，還有地位在平民百姓之下的奴隸。這是典型的韋伯（Max Weber）式家父長官僚主義（patrimonialism）系統。在這個系統中，每一個階級的人，都由一個比他們高一級的特定人士、而不是由一個機構控制與運用。[11]這種系統以壓榨與征服的人際階層關係為構築基礎，是一個龐大的社會控制網絡。所謂「泰」代表「自由」的神話，不僅是語言學上的一項謬誤[12]，也與千年來泰人的現實生活有天壤之別。

泰王扎洛在十五世紀推出的宮廷法，實施一種叫做「食田制」（sakdina）的階級系統。在食田制下，王國境內每一個人都獲有一個點數，說明他們在社會上的地位。就理論而言，這點數規定每一個人可以擁有多少土地，但實際上點數大體而言不過是一種概念表述而已──真正決定地位的，是對人而不是對土地的控制。根據食田制，王儲有十萬「食田點」，王室其他成員最高可以有五萬食田點，各級貴族擁有的點數也各不相同，權力最大的貴族可以有一萬點，最差的有四百點。行政官員的點數在五十與四百之間，工匠五十點，平民百姓二十五點，奴隸只有五點。沒有結婚的農婦地位比奴隸還低，根本連一點也沒有。

宮廷法還訂定各項禁忌，讓人民對王室更加敬畏有加。根據這些禁忌，臣民甚至不可以正眼面對國王──國王一旦現身，臣民必須匍伏在地，移開眼神。迫使臣民冒險驚鴻一瞥，更能突顯王室尊嚴的榮耀華美，皇家地位的高不可攀益加明確。每年只有兩次例外：在這兩個場合中，國王要在數千臣民圍觀下，領著一隊人遊行，展示他控制水的法力。在王宮裡面，儘管只有社會地位夠高的人才能進得了王宮大門，仍然有各種彰顯國王威儀的典章規矩。在提到國王的時候，必須使用一種叫做rajasap的特別宮廷敬語，國王名諱神聖非常，平民百姓根本不可以直呼。犯了這些禁忌的人要遭受嚴懲。一九二〇年代曾擔任英國駐清邁領事的伍德（W.A.R. Wood）在他寫的《暹羅史》（*History of Siam*）中舉了幾個懲罰例子：

與宮廷內的女子通姦：男子要受三天酷刑，然後處決，女子處決。

向宮內遞送色情詩文：死。

撼動國王乘坐的御舟：死。

讓走失的動物闖進王宮，未盡到阻攔之責的宮廷官員：死。事發當時執勤的哨兵：挖掉眼睛。

踢王宮的門：砍掉那隻踢門的腳。

抽打國王御用的大象或馬匹：砍掉那隻手。辱罵國王御用的大象或馬匹：割掉犯人的嘴。

在覲見國王時低聲私語：死。[13]

在十六世紀結束時，阿瑜陀耶已經在東南亞地區建立前所未有的財富與權勢。數以千計主要是商販與軍人的外籍人士開始定居京城。他們說阿瑜陀耶是個繁華之都，城中運河交錯，運河裡有許多猙獰可怕的鱷魚。他們談到王室盛典場面壯觀，也談到統治精英為迫使人民順服而施加的種種兇殘。克立夫・吉爾茲（Clifford Geertz）造了一個著名的詞——「劇院國」（the theatre state）——描繪十九世紀、殖民統治以前的峇里，指出統治階級搞的種種典章儀式，本身就是一種目的。[14]阿瑜陀耶在整個統治期間也運用種種典章儀式——以及極度誇張的暴力——強調國王神聖的權力與凌駕一切的地位。

來自布魯吉斯（Bruges，位於今天的比利時）的商人賈奎・德・庫都（Jacques de Coutre）於一五九五年抵達暹羅，在納瑞宣（Naresuan）國王在位期間在暹羅住了八個月。他詳細描述了一次王室遊行的場面：

> 國王出巡，排場自然非同小可，儀仗堂皇壯觀，還有兩排衛隊前後呼擁。他除了在祕密器官上罩了一小塊布以外，幾乎身無片縷。他戴了一頂像主教冠一樣、飾有凹槽、全金打造的高冠，冠上鑲滿珍寶珠玉。他騎在一頭大象背上，用手中所持的兩個金鉤引著這頭大象……圍在四周隨行的還有一隊隊喇叭手、號手與鼓手……遊行行列中還撐著四頂象徵王室尊榮的巨傘。這一切都在一片死寂中進行，我們在市街上連一個人也碰不到……當國王離開王宮時，人民已經接獲警告，知道國王要經過哪些街道。一旦國王出宮，沿途所經不要

> 說不見人影，連狗影子都沒有。你聽不見狗叫，因為一旦狗叫驚及聖駕，狗與狗主人都會遭世上最殘酷的刑罰處死。[15]

庫都還出席過納瑞宣國王的一次王室覲見儀式，說這位阿瑜陀耶國君坐在超過三公尺高的寶座上，寶座底部還用鐵鍊拴了兩頭老虎。庫都在他的阿瑜陀耶王國遊記中，詳細討論到統治階級專斷的暴力，其中一篇談到一個當王后侍女的八歲女孩。這女孩被控偷竊一塊小金飾，結果遭到處決，與她一起因知情不報而被處決的還有其他二十七人。庫都見證她們遭到的酷刑：

> 她們每個人都先被挖一隻眼；之後她們手上的皮膚被剝下，指甲被拔出來。經過一段時間，劊子手割下她們背上一塊肉，塞進她們嘴裡。為讓她們慢慢受死，劊子手還在她們每個人的底下架了一個鍋，用小火慢烤，將她們活活烤死。[16]

《昆昌昆平唱本》（*Khun Chang Khun Phaen*）是阿瑜陀耶王朝統治期間吟遊詩人寫的長詩集，經口耳相傳、一代代流傳至今。*其中有幾個主題，談到泰王誇張的儀式排場，以及他們突然大發雷霆、兇殘嗜殺的習性。克里斯．貝克（Chris Baker）認為，由於殘存的紀錄寥寥無幾，過去

---

*編按：《昆昌昆平唱本》是泰國最著名的文學作品之一，以詩的形式呈現了泰國民間家喻戶曉的一段三角戀情故事。昌（Chang）與平（Phaen）分別是兩位男主角，而昆是他們的稱謂。

泰國平民百姓對泰王的看法究竟如何如今已經難考，而《昆昌昆平唱本》正是這樣一項難得的紀錄：

在這詩集中，國王是一項對生命、自由、官階、財產與家庭的威脅。儘管國王也是這些事物的施主，但特別對那些在戰場上替他取勝立功的人而言，國王的剝奪遠甚於他的施捨。詩集中所有重要角色，以及許多次要角色，都遭到國王毒手，喪失了生命、自由、財產、官階、配偶或親屬。

貝克指出，在詩集的每一章，國王至少會有一次「像其他文學作品採用的方式一樣，以正式祈福式的形式」登場。在這類祈福式中，國王綻放著耀眼光華，「身周盡是只有至善之王才能擁有的至美」。但詩集中也不斷將他描繪為嗜血兇殘的暴君。其中有一段談到在一次水牛狩獵行動中，國王因為命令遭到誤解而暴怒：

國王震怒，就像地獄王子吹了一陣風，掃過他的心田一般。他發出雷霆般的怒吼……嘿，嘿！把刀斧手立刻叫來……砍下他的腦袋！把它插在高竿上示眾！沒收他的財產與他所有的族人，現在就去辦！

在這篇故事的其他幾個情節中，國王下令將抓來的人拖入林中刺死，用斧頭劈開他們的屍身，並且宣布要殺光清邁居民：「只要找到他們，無論他們在哪裡，就將他們砍倒，直到他們的城市淪為一片荒無人煙的廢墟為止。」[17]

一七六七年，緬甸軍隊在圍攻阿瑜陀耶十四個月之後，攻破城牆，將泰京洗劫一空，它於是一蹶不振。緬甸王原想一勞永逸滅掉這個在它東邊、與它競爭的王國。但就在舊阿瑜陀耶廢墟上，前阿瑜陀耶一名名叫他辛（Taksin）的將領，以同樣獨裁控制的手段自立稱王，以阿瑜陀耶沿河下游四十英里處的吞武里（Thonburi）為都，重建一個中央集權新國。一七八二年，他辛被他手下一名將領罷黜，之後處決。這名篡位的將領把都城遷到湄南河東岸一個小市集邊。為了塑造新都形象，他為這個新都取了一個刻意誇張的名字：「天使之城，偉大之城，玉佛之都，擁有九個稀世寶石的世界之都，一座有許多比照輪迴轉世之神所住天庭而建的大王宮的快樂之城，一座由因陀羅（Indra）大神所賜、由造城之神（Vishnukarn）所建的城市」。一般稱這個城市為曼谷，今天仍然統治著泰國的卻克里王朝就以這個城市為都。王朝開疆闢土的國君號拉瑪一世，是現任國君蒲美蓬的曾曾曾祖父。

就高壓統治而言，新成立的這個曼谷王朝不輸阿瑜陀耶。此王國仍然依賴強迫勞役與奴隸。「食田制」階級系統繼續運作，而且更加擴大。在訴訟案例上，個人證詞的分量直接取決於他們的食田點數，透過這種法律運作方式，司法永遠幫著強者欺凌弱者。為控制人力，政府在男性百姓的手腕上刺青，畫上數字或標誌，顯示他們的主人是誰，他們的職責是什麼。[18]王權專制統治的意識形態與做法儀式絲毫不變。

但這種以誇張排場與殘酷鎮壓維持政權的策略，在十九世紀突然變得對暹羅統治精英非常不利，非常危險。傳統暹羅世界總以王宮為核心，以嚴厲的社會階級、祖傳權力結構、封建經濟以及神聖王室權威的意識形態為手段進行統治。但在十九世紀，比當年入侵暹羅、燒殺擄掠的緬甸與高棉大軍更可怕的外來勢力，震撼了泰王國。暹羅統治階級發現，他們不但已經陷身西方殖民主義列強重圍，必須面對這些資本主義國家的強取豪奪，還得面對列強帶來的一種極具顛覆力的意識形態：民主。

第四章

「我們的國家是人民的，不是國王的。」

——泰國未完成的革命

一九三二年六月二十四日晨，在上流社會專屬的華欣（Hua Hin）海濱勝地，泰王巴差提步（Prajadhipok，即拉瑪七世）與妻子拉拜（Rambhai）王后以及兩名政府官員打著高爾夫。這時一名宮廷官員神色匆匆，穿越球場向他們走來。在距巴差提步的夏宮——忘憂宮（Klai Kangwon）——不遠的皇家高爾夫球場第八洞，泰王巴差提步發現他的王朝面臨滅絕危機。曼谷爆發革命。改革派官僚與軍官已經占領部分首都，將大多數管理政府的親王擄為人質。奪權的官僚與軍人發表一篇聲明，譴責王室專制暴政：

國王的政府將人民視為奴隸與豬狗，沒有將他們視為人類。也因此，政府沒有幫助人民，只知欺壓人民。大家都看得到，國王每年從人民身上榨取數以百萬計的錢，供他個人揮霍。而人民必須流血揮汗，才能賺得微薄小錢……

國王一直謊稱國家是他的，但全國的人民，你們應該知道我們的國家是人民的，不是國王的。[1]

這一小股革命分子雖然出人意表地奪了權，但他們的態勢岌岌可危。他們控制了幾座重要大樓，以及約四十名人質，而且只有幾輛裝甲車與幾百名未必忠誠的士兵保著他們。他們沒有控制首都以外地區，就連首都也只控制了一部分。大多數黎明前集結叛軍總部外的士兵，只因奉到演習假召而前往當地，對革命的事一無所知。但當一名叛軍領導人登上一輛戰車、宣布已經推翻專制王朝時，許多士兵儘管搞不清狀況，卻還是歡呼不已。[2]

這次革命是泰史上又一場誇張的舞台劇。王室史學家朱拉．查拉邦（Chula Chakrabongse）親王，對這段過程有以下悔恨不已的敘述：「匪夷所思的是，參與這項密謀的人全部加起來也不過七十人，但他們以瞞天過海的手段將計劃執行得天衣無縫，使一個建了一百五十年的王朝在短短幾小時之間就面臨土崩瓦解的厄運。」[3]在整個暹羅歷史上，統治者一般不靠蠻力，而是用建立較優越法統的方式取得象徵性勝利，從而解決衝突。泰國歷史上古早以前的戰爭，傳統上都由敵對兩軍元帥騎在象背上決鬥、而不是由兩軍集體殊死對決以定勝負。十七世紀波斯人一篇有關暹羅戰事的報導，談到它的儀式性特色：

> 他們無意殺人，也不想相互大舉殘殺，因為一名將領如果必須經過一番血戰才能取勝，他自己也難免流血。
>
> 約定俗成的規矩是，兩軍在面對面擺開陣勢以後，各派一組人來到陣前擊鼓鳴笛，雙方陣內的步兵與騎兵於是開始舞蹈吶喊，喊聲越響越好。如此這般鬧了一陣以後，其中一軍會突然前進，另一軍會立即後退，這時就要看是否運氣夠好，能讓對方措手不及了。他們會突然一湧而上，想辦法包圍對手。一旦勝利的一方像圓規一樣在地上畫一道圈，將對方圍在圈裡面以後，這失敗的一方……就必須認輸，俯首稱臣。[4]

百年來的暹羅政治衝突也有一種類似的戲劇性——政治鬥爭一般只限於法統性的競賽，而不是弱肉強食的白刃戰。一九三二年那股叛軍，雖然僅僅勉強占了幾棟建築物，而且還需要運用偷偷摸摸的手段才能辦到這一點，但他們擁有一項師出有名、足以讓保王派心驚膽戰的合法化優勢。根據泰王神話，他們不過是一群自命不凡的暴發戶，既沒有王族血液，也無權稱王統治。但這群叛軍的合法性來自一種外來文化的敵對價值觀，這種價值觀根本駁斥了世襲王朝的道德權威。泰國王權的存廢，面臨全然南轅北轍的民主概念之挑戰。

十九世紀起開始對暹羅垂涎、意圖染指暹羅的西方列強，對暹羅統治精英構成雙重威脅。最顯然的威脅是，他們會併吞暹羅，剷除王室，在當地建一個殖民政府。但西方列強還帶來一種反暹羅王權統治、反神權的意識形態。通猜說，「殖民主義不僅是一種政治與經濟運作，同時也是一種文化與知識運作，為全球各地在地文化帶來劇變。」[5] 西方列強儘管本身並不非常民主，也從不曾在殖民地實施民主，但他們自我標榜說他們為東方專制文化帶來「文明」價值。

民主價值與千百年來做為暹羅權力結構基礎的王權神話格格不入。為應付這種尷尬的困局，暹羅統治精英在排場運用上開始採取彈性，展示對象不同，排場也不同：做給國內民眾看的是一套，做給外國人看的是另一套。他們在西方人面前戴上「文明」與「現代」的面紗，但在本國百姓面前他們仍然保持那一套象徵王權的架子，以維護既有統治地位。誠如賈克森所說，這段歷史造就了一個有如賈努斯（Janus）*面孔般的政權，它加緊對國內的控制，讓全國百姓在外國人面前展現「文明」行為，從而提升它的國際地位，讓暹羅統治精英倖免於西方列強的直接政治控制。暹羅精英透過這種動員舉國百姓、集體展示文明的做法，向西方列強暗示：「你們西方人沒有必要為了讓我們文明而將暹羅變成殖民地。我們暹羅人自律工夫夠好，足以達到你們的文明標準。」[6]

毛里吉奧・佩雷吉（Maurizio Peleggi）發現，暹羅精英在不同觀眾面前有不同的服裝與行為：

暹羅統治精英開始將西式服裝融入他們的服飾，既顯示他們與外國文明掛鉤，但一方面也保有他們本身獨特的認同。就這樣，他們有了好幾套自我展現模式，一套在殖民舞台上使用，一套在國內舞台上使用，一套在私下場合中使用，使他們既能在外觀上得體，同時又不失個人品味。[7]

暹羅統治階級還編造神話說，民主其實根本不是外來概念，因為民主早已是他們治理哲學的一部分。拉瑪二世之子、有意自立為王的蒙固親王在一八三三年說，他在素可泰舊京城廢墟找到

*編按：羅馬神話中有兩張臉的門神。

一塊石碑，上面刻了一些神祕的碑文。蒙固在一八五一年登基，即拉瑪四世。在一八五五年一次自由貿易條約談判中，他將據說是這段神祕碑文之譯本交給英國駐香港總督約翰·鮑林（John Bowring）。根據譯本內容，這塊石碑是泰王南甘杏統治時期的產物，碑文將素可泰描述成一個雛形的民主政體，人民只要搖一下擺在王宮外的鈴，國王就會出來替他們解決問題。現代學者絕大多數認定這段碑文是蒙固杜撰的贗品，目的不過是在創造暹羅一直就很民主的假象，藉以說服英國不要剷除泰王而已。[8]蒙固還有一件很有名的事：他聘了一名英／印裔的女家庭教師安娜·里奧諾文（Anna Leonowens），教育他的眾多子女，讓他們都成為「文明人」。*

與官方歷史大不相同的是，暹羅統治精英在十九世紀根本沒有真正抗拒西方殖民主義。他們爭的，只是讓暹羅成為半殖民地，以保有他們對內的政治主控權。卡辛·提加匹拉（Kasian Tejapira）說，當時的暹羅淪為「一個間接殖民王國」，國王與統治精英將「資源豐富的暹羅與茁壯中的全球商品生產鏈結合，成為英帝國最重要的米倉」。[9]套用前現代政治的概念用語，暹羅精英已經向英國稱臣，當了英國的「藩屬統治者」。賈克森說，暹羅「以一種西方式自由，而不以一種地方獨裁新形式」達到它的目的：

> 曼谷王室所以能獲利而且變得更加強大，是暹羅向西方臣服的直接結果。但王室宣揚的歷史一味誇耀偉大賢王如何救了暹羅，卻隱瞞了這段事實。當時暹羅的經濟、法律系統與公

共文化，都以西方典範馬首是瞻，暹羅還將過去向它納貢的一些藩屬國，包括寮國、高棉與馬來半島北部的一些小邦分別割讓給法國與英國。但無論怎麼說，歷經這一番無疑顛沛流離的轉型之後，曼谷王朝在仍然控有的舊暹羅帝國境內權勢更加鞏固。與西方列強的條約為王朝帶來財政厚利，讓王朝取得必要資源，對境內人民實施遠比前殖民時代嚴厲得多的控制。[10]

蒙固的把戲直接為他自己帶來殺身之禍。一八六八年八月，他邀請暹羅與外國貴賓一起旅行，穿越蚊蟲猖獗的沼澤地帶，一方面展現他預測日蝕的技巧，同時也證明暹羅科技不像西方人以為的那麼落後。他的預測果然神準，只是這次旅行卻災情慘重——蒙固染上瘧疾，不治死亡。

根據他的旨意，他最寵愛的兒子、當時只有十五歲的朱拉隆功繼位為王。朱拉隆功是暹羅最後一任中世紀式的國君。在他統治期間，朱拉隆功收了一百五十三名妻子與嬪妃，還沿襲幾世紀以來泰王普遍採納的近親通婚習俗，收了他同父異母的四個姐妹（都是蒙固的女兒）做王后。王室近親通婚習俗持久不衰的現象，證明「提闍羅」信念——王室統治法統來自血液純正——果然根深蒂固。階級系統就算在王室內部也有強大影響力，血統越純正的王室成員階級越高。與非皇家的女子生下孩子，會沖淡孩子的地位。國王如果想要生下的孩子擁有最高的王室階級，國王除

---

* 編按：小說《安娜與暹羅王》（*Anna and the King of Siam*）與電影《國王與我》（*The King and I*）就是根據這段故事改編的。

了找上自己的同父異母姐妹、姑嫂或堂姐妹以外，其他也沒什麼辦法可想。[11]

像阿瑜陀耶的那些王一樣，朱拉隆功的一生也在種種儀式與禁忌中度過。一八八〇年，他的一名王后因乘坐的御舟翻覆而溺死。根據十五世紀訂定的宮廷法，任何人不得碰觸皇家成員，就算如果皇家成員墜河，為了救他們而碰觸他們也屬非法——違者除了處死以外，還得滿門抄斬。由於當時這項法規在理論上仍然有效，「儘管駐足旁觀者無數，沒有人膽敢下水搶救王后。」[12]

一些喜歡干預暹羅內政的英國官員，以朱拉隆功的一夫多妻、近親通婚、沿襲古老儀式、以及仍然使用奴隸為證，指責暹羅專制而落後。對這位卻克里王朝的國君而言，曼德勒（Mandalay）*末代君王提寶（Thibaw）的遭到推翻，殷鑑不遠。主要由於提寶那位野心勃勃的丈母娘大開殺戒、殺了好幾十個有望承繼大位的人，提寶才在一八七八年登基為王。英國為了擴張在曼德勒的勢力範圍，遂藉這個理由指控提寶野蠻，將提寶推翻。英國《泰晤士報》說提寶是「一名肆意揮霍、殘酷野蠻的統治者，成天喝得爛醉，偶爾清醒時他動輒暴怒，且嗜殺成性」。一八八五年，英國將嚇壞了的提寶與他的家屬從王宮趕了出來，刻意羞辱地把他們裝在牛車上，流放到印度極西偏遠地區的勒納吉里（Ratnagiri）港。提寶之後沒有再回到曼德勒，於一九一六年死於勒納吉里。[13]

朱拉隆功知道自己也可能遭到同樣命運，遂於一八七〇年代起展開現代化改革，以轉變暹羅的經濟與治理結構，但條件是不損及卻克里王朝的統治。他往訪英國統治下的印度與新加坡，以及荷蘭統治的爪哇，觀察殖民當局如何管理他們的土地，學習適用於暹羅的教訓。朱拉隆功並且極力營造現代與進步表象，希望在不給臣民民主的情況下讓臣民噤聲。在他正式成年的一八七三年，朱拉隆功大張旗鼓地宣布，從今以後，臣民覲見時不必再向王室匍伏。一八八四年，英國與法國的擴張野心昭然若揭，朱拉隆功惴惴不安，遂要求幾名西方化的親王就如何讓暹羅免遭列強兼併的問題獻策。第二年，他們提出對策。日人村島（Eiji Murashima）提供了一個對策摘要：

> 暹羅目前的問題是如何維護國家獨立與安定的政府。為解決這個問題，暹羅必須讓西方列強接受它、尊重它身為文明國家的地位。也因此，暹羅別無選擇，只能模仿西方型態建立新政府，至少也必須模仿唯一歐化的東方國日本。根據歐洲人的信念，政府想維護正義，必須以民眾共識為基礎。內閣部長必須出自選舉產生的民意代表，必須對全民負責。在暹羅，由於一切事務都由國王決定，沒有一個歐洲國家相信暹羅能維護正義。但如果發生王位虛懸的事，對暹羅也很危險。因此暹羅應該實施以下改革：
>
> 1. 將絕對王權改為立憲王權，
> 2. 建立內閣系統，或部會制政府，

---

*編按：緬甸第二大城，也是緬甸最後一個王朝貢榜王朝的都城，它於一八八五年被英國消滅。

3. 將權力下放給部會首長，
4. 頒布王位繼承法，
5. 改革官僚報酬系統，從佣金制改為薪酬制
6. 提倡法律之前人人平等，
7. 根據西方模式改革法律系統，
8. 提倡言論自由，
9. 建立官僚獎懲系統。[14]

朱拉隆功不肯支持立憲王權，村島也將他的答覆做成摘要：

他與歐洲歷史上那些高壓統治的絕對王權君主不一樣，也不像藏在椰子殼裡的青蛙那麼短視。也因此，他不是國家繁榮與安全的阻礙……限制或分散、下放他的權力的任何做法都對（他的）改革無益。正好相反，這麼做只會對它們產生壞效應。所以說，國會在暹羅沒有用處，因為暹羅不但沒有合適而能幹的人參與國會，國會本身還會阻礙、腐化改革。[15]

朱拉隆功開始建立一支職業軍隊與官僚系統，他還著手打造資本主義經濟，以取代舊有以個人忠誠與主僕關係為基礎的食田系統。強制勞工與奴隸逐漸成為過去。他並且派遣他的一大群兒

子前往西方接受教育，讓他們符合外國的「文明」標準。

在他於一九一〇年去世時，絕對王權取代了過去的專制結構，朱拉隆功似乎已經將他的國家改頭換面。[16]他的改革改變了統治當局組成方式，職業軍官階級與受過西方教育的文人精英階級出現了。但獨裁統治並沒有結束。鄧肯．麥卡高（Duncan McCargo）就曾認定，「在骨子裡，暹羅改革是防阻改變的手段，而不是實施改變的方法。」[17]

朱拉隆功的繼承人哇栖拉兀（Vajiravudh），即拉瑪六世，是二十世紀初年暹羅文化大混亂的代表。他在英國桑赫斯特（Sandhurst）的皇家軍事學院（Royal Military Academy）與牛津大學受教，有英國紳士的特質。但他為絕對王權奮戰不遺餘力，讓人民有較大言論自由，但不容許任何有民主傾向的運動。為了防堵要求民治的呼聲，哇栖拉兀倡導一種民族主義意識形態，以國王在概念上是選出來領導人民的、王宮就是國家同義詞的神話做為他的理論基礎。他將歷代泰王愛好的鋪張誇耀進一步發揚光大，是一位很不錯的業餘演員，還翻譯過威廉．莎士比亞的幾齣戲劇。一九一八年，有感於俄國王室在之前一年的垮台，哇栖拉兀在曼谷北部建了一座玩具城，城裡有一千個具體而微的建築物，包括宮殿、醫院、旅館、銀行與一座消防站，此外還有公園、運河與高架橋。哇栖拉兀說，這座玩具城是一處練習場，目的在於教育泰人如何治理。他在玩具城舉行有假選舉與國會辯論的民主政治運作舞台劇，還在劇中扮演一名平凡的政治人物，名叫「拉瑪先生」，而不叫拉瑪六世國王。這一切做作的目的，是讓哇栖拉兀有一種似乎很現代的合法性，卻不必進行任何民主改革。同時，他在傳統皇家儀式上的大肆揮霍，幾乎把國家搞得破產，受過西方教育的新興官僚精英，對絕對王權的體制也越來越感不滿。代表王室治理暹羅不再能讓他們滿足，他們要在治國過程中擁有屬於自己的角色。

哇栖拉兀於一九二五年去世，他的弟弟巴差提步（Prajadhipok）繼位，是為拉瑪七世，也繼承了一個動盪多事的王國。身為王族元老的丹隆親王（Prince Damrong）感嘆道：「最高當局已經失去了人民的尊重與信任，國家財政面臨破產邊緣，政府貪污腐敗，公務人員或多或少也不知何去何從。」[18]到一九三〇年代，巴差提步已經陷於苦撐，還公開承認暹羅的經濟問題讓他不解，更別提解決這些問題了。他在一九三一年向王室成員解釋說，「我只是個軍人，又怎能了解什麼金本位這類問題？」[19]巴差提步給人的印象，不但不像一位聖明賢君，還讓人覺得他根本不成材。受過西方教育、要求政治權力的平民的影響力與日俱增，讓傳統精英恐慌不已，認為他們擁有的特權世界崩塌在即。在一九三二年四月卻克里王朝建立一百五十週年慶典期間，一個說王朝撐不過一個半世紀的老預言，讓全國上下籠罩在一片風聲鶴唳之中。兩個月以後，絕對王權在六月二十四日遭政變推翻，《紐約時報》在報導中說，這場革命「奇巧印證了一個在暹羅民間廣為流傳的古預言。」[20]

巴差提步捨棄許多傳統陋習、不談聖君賢王的迷信，而以現代政治人物自居。在政變發生的那個早晨，華欣的情景可以說明西方文化對暹羅精英的衝擊。穿得像英國紳士一樣的巴差提步正在打高爾夫。他在性生活方面也採納了西方規矩——與祖先們妻妾成群不同的是，他只有一個妻子，而且沒有子女。他的「忘憂宮」是一處歐式別墅，華欣則是模仿一處英國海濱勝地而建的休憩場所。不過這一切不能隱藏王室壟斷政治大權的事實。巴差提步是一位沒有效率的名義元首，但他的家族控制著國家。在聽到叛軍宣布廢除絕對王權時，巴差提步似乎認為這事遲早總會出現。他轉身對妻子拉拜王后說，「妳看吧，我早就告訴妳了。」他要她打完這一洞再走，自己先行離開球場，處理這場革命事宜。

一九三二年這場政變中無人遇害，但它對皇家威信造成的傷害，卻比阿瑜陀耶屠城事件還要兇殘。緬甸大軍在一七六七年攻破阿瑜陀耶京城，殺戮、奴役了許多暹羅統治精英，但一九三二年的叛黨直接挑戰絕對王權的概念本身，說國家主權在民，不在宮廷。在背後主謀這次革命的，是一個自稱「人民黨」（People's Party）、由政府官員與軍隊軍官組成的聯盟。人民黨大多數成員曾靠著政府獎學金在一九二〇年代留學巴黎，也在巴黎形成他們的政治理念。為掩飾保王派精英極力阻撓真正政治改革的真相，巴差提步採取一種偽裝屈服的策略。這個策略的核心就是偽稱王室熱心民主，也非常支持這場革命的原則。巴差提步在六月二十六日發表的一篇聲明中說，他一直就在籌劃類似的改革，「事實上，我們早就在計劃建立君主立憲，人民黨這次的作為非常正確，也獲得我們的支持。」[21] 叛黨喜出望外，認為國王既已同意實施君主立憲，政變目標已經達到，也就不再繼續追究。舊有當局重要領導人仍然保有要職，只有一名名叫帕里巴差（Paribatra）

的皇族元老，因為反改革言行過激，當局認為不能讓他留在暹羅，迫使他捲鋪蓋流亡爪哇。這場革命在首都顯然沒有引起什麼波浪，如《曼谷每日郵報》（*Bangkok Daily Mail*）所述：

曼谷今早晨起，發現立國一百五十年來最重大的一次政治事件，已經毫無預警地在黎明前幾小時悄然發生……除了五世皇宮殿（Throne Hall）*與大皇宮附近有零星人群以外，一切彷彿風平浪靜，不見半點騷動……警察照常執勤。法庭繼續運作。郵件收遞也一切如常……沒有歇斯底里，也看不到任何仇恨惡意。

對大多數人民而言，一切沒有什麼改變。叛黨在臨時憲法中說，「這塊土地的最高權力為全民所有」，但為了有時間讓人民接受教育，以做好民主政治的準備，全面民選的政府要等十年以後才能建立。誠如茱蒂絲．史托威（Judith Stowe）所說，即使最激進的叛黨成員，如律師比里．帕依榮（Pridi Banomyong），也有一種精英觀念，認為平民百姓沒有做好民主準備：

儘管把人民與人民的權力捧得天花亂墜，比里的觀念顯然與王室那些人沒什麼不同。對他們而言，民主只是一種供他們引用的說詞而已，他們並不指望人民可以在決策過程中扮演任何角色。一些王室顧問曾經認為，人民或沒有受過足夠教育，或不夠成熟，無法應付更重參與的政府形式，而比里也在不知不覺間呼應了這些說法。[22]

另一方面，舊有保王派當局也全面展開行動，鎮壓改革。巴差提步大舉介入這項行動。歷史學者納塔波・猜辛（Nat-tapoll Chaiching）說，巴差提步「建立國王御用特工組織，開始用地下網絡對付革命。這個網絡的成員都是舊政權的死忠派，裡面有王室成員、祕密特工、殺手、軍官、公務員與記者。」[23]人民黨內較激進的成員不久就遭到保王派保守分子奪權。當憲法草案於一九三二年十一月公布時，憲草前言讚美王權是「世上最偉大的權」，是「名聲遠播的神的轉世」。十二月十日新憲頒布，在頒布典禮中，巴差提步著全套皇家禮服（這是他自從加冕以來，如此盛裝的第一回）高坐國王寶座之上。史托威說，這件事「沒有引起公眾興趣」，「當局不得不抓來一些人，在五世皇宮殿外歡呼鼓譟。」[24]

巴差提步祕密下令，在人民黨革命一週年當天處決所有人民黨黨員。根據納塔波的說法，「如果不是因為他們察覺這項密謀，而於六月二十日發動政變，只需再隔四天，他們的頭都會插在大皇宮門前大院的竿尖上示眾。」[25]在人民黨政變過後，保王派在一九三三年十月發動一項全面性軍事攻勢。這項攻勢在經過激烈戰鬥後失敗。巴差提步在一九三四年以視力不良、需要治療為由，離開暹羅前往英國。他在倫敦西南租了一座莊園，過著富裕的鄉紳生活。

這位自我放逐的國王，與政府就限制王權、宮廷財產國有化等有關改革議題爭執不休，並因

＊編按：在此叛亂中，人民黨以皇宮殿為指揮中心。此後一直到一九七四年，這裡都被當作國會大廈。

此多次揚言辭職。最後，一九三五年三月二日，巴差提步在倫敦暹羅大使館宣布退位。在他以國王身分發表的最後一篇聲明中，巴差提步說他與王室才是真正的民主守護神：「我願意為了全國百姓交出過去屬於我的權力，但我不會向任何特定個人或黨派屈服，讓他們以一種獨裁專制、人民沒有任何聲音的方式，運用我這些權力。」但菲德立柯·費拉拉（Federico Ferrara）說得好，巴差提步這番話不過是作態罷了：「面對遲早必須退位的命運，國王可能只是想找一些理由自圓其說，說他所以決定退位主要是為了憂國憂民，而不是因為他不願接受虛位元首角色。」[26]

三名記者見證了這幕一點也不讓人心動的歷史性事件。《紐約時報》說，「或許歷史上從來沒有一個國王在宣布退位時，做得這麼草草了事」：

> 國王那位短小精悍、穿著灰色法蘭絨長褲、套頭毛衣加外套的年輕祕書，把採訪這次事件的報紙記者讓進國王的小小工作室。工作室裡凌亂堆著官方文件、書、打字機、還有幾支獵槍。房裡還有另兩名王室工作人員，與一名負責保護國王的英國警探。
>
> 這祕書站在一個燒著火的暖盆前說，「好了，事情已經結束了。他不再是國王了。」[27]

巴差提步之後沒有再回暹羅，於一九四一年死於流亡。但舊有當權派從未接受絕對王權已經結束的觀念。他們仍然決心顛覆民主，維護王權，主張由王室指定精英進行統治。

第五章

「我事實上是一個人民選出來的國王。」

——

保王派的復甦

蒲美蓬．阿杜德因極慘痛的一次事件而成為泰王拉瑪九世。這次事件似乎昭示著泰王朝政治權力的終結。一九四六年六月九日上午，曼谷大皇宮的國王寢宮傳來槍響，一顆子彈射進蒲美蓬二十歲的哥哥阿南達．瑪希敦（Ananda Mahidol）的前額，貫穿後腦而出。王室當天就宣布，由驚魂未定的蒲美蓬繼位，成為暹羅的新國君。當年他只有十八歲。

巴差提步退位後，暹羅舊統治階級的影響力逐漸腐蝕。阿南達在繼承巴差提步時只有九歲，當時阿南達與他守寡的母親桑文．塔拉帕（Sangwan Talapat）一起住在瑞士。桑文是平民，她與朱拉隆功之子的婚姻曾為王室視為醜聞。阿南達當時連泰國話都不會說，而他的母親堅持他必須在瑞士洛桑（Lausanne）完成學業以後，才能正式就位為王。在那段期間，發動一九三二年革命的那一夥軍人，在野心家鑾披汶．頌堪（Phibun Songkram）將軍領導下已經支配泰國政局，他們一方面將比里．帕依榮的改革派勢力邊緣化，一方面積極設法擊破保王派。幾名權高勢大的親王仍在嘗試扭轉革命情勢，幾次意圖暗殺鑾披汶未果。

一九三八年十一月，鑾披汶在更衣時，他的貼身男僕向他開了一槍，但沒有擊中。幾周以後，鑾披汶夫婦與幾名赴宴的賓客在一次宴會中倒地，經送往醫院急救洗腸之後才救回性命——原來是廚子在食物中下了毒。為回應保王派這些暗殺行動，鑾披汶進一步展開奪權，在一九三八年十二月迫使總理辭職，自己擔任總理。一九三九年初，他對殘留的保王勢力展開又一波攻勢，下令以叛國罪逮捕五十一人，其中大多數為親王、貴族與軍人。鑾披汶喜歡效法義大利獨裁者墨索里尼，自稱是國家主義領導人，還將國名改為泰國（Thailand），以示與暹羅舊政權不同。泰國尚在萌芽中、還很脆弱的民主就此斷送，絕對王權統治也由軍事獨裁取代。

第二次世界大戰爆發時，泰國宣布中立，但在德軍於一九四〇年攻陷法國以後，鑾披汶發現機不可失，在日本人默許下占領過去淪為法屬中南半島的土地，藉以擴張他的國家主義聲勢。但日本人的幫助豈能沒有代價——日軍於一九四一年十二月對英國據有的馬來亞與新加坡展開攻勢，順勢侵入泰國，泰國於是成為日本的屬國。鑾披汶建議在碧差汶（Phetchabun）建立新都，象徵卻克里王朝時代結束，國家主義新泰國在日本保護下已經誕生。就在這段期間，比里在他的老對手、地下保王網絡的協助下，祕密協調抗日行動。一九四四年，鑾披汶意外失勢，先被趕下總理寶座，之後又被奪去軍權。在美國用原子彈攻擊日本、於一九四五年八月結束亞洲地區戰事以後，鑾披汶成為獄中之囚，比里．帕依榮與他那些立志打造民主泰國的盟友，終於開始得勢。

一九四五年十二月，阿南達國王從瑞士回到泰國。他是一位害羞而誠懇的青年。當時擔任東南亞地區盟軍統帥的路易斯．蒙巴頓（Louis Mountbatten）形容他是「一個害怕、有近視眼的孩子，他削瘦的兩肩與胸膛上掛著珠光寶氣、鑲滿鑽石的胸飾，活脫是一個可憐而孤獨的人。」[1]美國記者約翰．史坦登（John Stanton）寫道：

> 在暹羅人記憶中，阿南達是一位奇怪的年輕國王。滿腦子西方思想的他，不讓訪客遵照

暹羅規矩、坐在比他低的地板上與他談話，堅持他們必須坐在椅子上，與他在同一高度上對話。由於暹羅人一般都很害羞，覲見的臣民往往發現他們沒辦法像這樣與國王平起平坐、放肆對話，於是國王與面見國王的臣民經常坐在那裡，相對無語，兩人都面紅耳赤。暹羅人傳說，有一次阿南達走訪曼谷附近小村。他鼓起全身勇氣，走到一位老婦前問道，「老奶奶，妳好嗎？」那老婦看到站在自己眼前、對自己開口的竟是國王，想必早已嚇壞，哪裡還能答話，阿南達於是只有站在那裡，低頭不語。[2]

阿南達似乎是新泰國理想的立憲君主——他沒有實權，但是受歡迎的虛位元首。泰國在一九四六年又頒布一部憲法，第一次建立一個完全民選的國會。比里當選總理，泰國似乎終於走上永續的民主之道。

神祕的阿南達槍擊事件震撼了泰國。在一開始，許多人認為阿南達死於自殺。致他死命的武器，是一把他放在自己床邊的柯特點四五手槍。如果說他死於暗殺，這刺客必須潛入國王寢宮，用國王自己的槍射殺國王，之後逃逸無蹤——這似乎不大可能。阿南達與蒲美蓬那位傷心欲絕的母親桑文懇求政府，不要把她的兒子之死說成是自殺。經過比里同意，政府宣布拉瑪八世是在床上把玩手槍時不慎走火，誤殺了自己。但這說法帶來慘重後果。事實很明顯，這項官方說詞根本不合情理。渴望東山再起的保王派於是開始散布謠言，說這是比里為推動共產主義而主謀的一項弒君陰謀。同時，為了便宜之計，保王派新成立的民主黨（Democratic Party）也開始與鑾披汶的軍方派系——這時也在新泰國面臨政治滅頂危機——結盟。蒲美蓬既悲慟，又得面對排山倒海而來的壓力，於是與母親逃回瑞士，似乎再也不願回到泰國。但阿南達槍擊事件疑雲繼續籠罩泰國政界，由於提不出一項令人信服的真相，政府搖搖欲墜。

一九四七年十一月，保王派與軍隊派採取行動，推翻了民選政府。民主黨對泰國政治的第一份獻禮，就是捏熄泰國初燃的民主火苗。當時泰國人一般相信比里隱瞞有關阿南達之死的證據，民主黨於是以此為由，將他們的政變行動合法化。比里為求保命而逃離泰國，蒲美蓬也從洛桑發電，表示支持這項政變。歷史學者高卡・蘇文納—潘（Kobkua Suwannathat-Pian）對這段過程有以下解釋：

> 國王之死對當代泰國政治與政治人物構成嚴重影響。比里與他的政界盟友被全面而有效地趕出泰國政壇，成為這次事件最大犧牲者……比里與他的自由派，以及他們代表的理念從此一蹶不振，為軍方與保守派大開方便之門，讓軍方與保守派根據自己的口味與需要，隨意塑造泰國的政治系統。[3]

在打垮自由派以後，保王派與鑾披汶的軍方勢力開始相互較勁。泰國在一九四七年起草新憲，賦予王室極大權力，又於一九四八年通過立法，把王室財富控制權交還給國王。鑾披汶重返江湖，於一九四八年奪權，推翻民主黨政府，二度自封總理。不過保王憲法仍在一九四九年頒布，鑾披汶無力加以阻止。在兩派人馬角逐主控權的同時，蒲美蓬在一九五〇年勉為其難地短暫回到泰國，火化哥哥的遺體，娶詩麗吉，並為自己正式加冕為王。他在泰國只停留十週，就以需要完成學業為由返回瑞士，但事實上他一直沒有唸完學位。一九五一年，這位遠在異國的國王與他的王后終於宣布將由海路返國。就在國王預定返國的日子前幾天，鑾披汶於十一月二十九日對保王派展開一項時機經過精心策劃的反擊，下令解散國會，並且廢止一九四九年憲法。當蒲美蓬於十二月二日返抵曼谷時，他只是個飽受屈辱、遭到政治去勢的王，只能扮演純象徵的角色。

美國這時已經是泰境毫無疑問的國際霸主。而它對於在泰國推廣民主的工作一點興趣也沒有。華府要的是能夠對抗共產主義的強人，而鑾披汶的軍事執政團似乎正合理想，於是數以十億美元計的美援與軍援開始湧入泰國。鑾披汶的跟班砲．希阿旺（Phao Sriyanond）把警察轉型，建成一支民兵部隊，與沙立．他那叻（Sarit Thanarat）的陸軍別苗頭。這三頭執政當局不斷強化他們對泰國政治與經濟的控制，沙立與砲都用美國的錢招兵買馬，再用這些武力相互攻訐，角逐鴉片買賣的控制權。

王室原本似乎命定就此成為無關痛癢的擺飾。但沙立於一九五七年奪權，把鑾披汶與砲趕到海外，蒲美蓬的世界也因此整個改觀。沙立的政變計劃事先獲得保王派贊同，蒲美蓬也迅速表態支持這項政變。沙立將王室與軍方的關係重新詮釋。政治觀察家沙克．恰拉提那（Thak

Chaloemtiarana）對這段歷史有開創性的研究。他說，蒲美蓬與軍方的夥伴關係，就從這時起成為二次大戰戰後泰國歷史的主軸。沙立是個酒鬼，而且極端好色，「無論是選美皇后、電影明星、夜總會女侍、大學與中學女生、年輕的與徐娘半老的，幾乎沒有人能逃過他的染指，」[4]但他對蒲美蓬崇敬有加，重建許多垂死的尊王傳統，對年輕的蒲美蓬而言，他是個理想盟友。覲見國王必須匍伏的規矩死灰復燃。蒲美蓬仍然沒有實權，但統治精英現在不但不再蔑視他，還對他極盡崇拜。

到一九五八年，沙立已經廢止憲法，去除國會，暫停選舉，加緊對言論自由的限制。但就像朱拉隆功以降諸泰王的作為一樣，儘管事實證明一切正好相反，沙立仍然一口咬定，說他的獨裁統治是一種泰式民主，最適合泰國文化傳統與社會經濟現實。他宣稱：

> 我是泰國古代家長統治政體的忠實信徒。我常喜歡舉一個事實說，國家就像一個大家庭。統治者就是這個大家庭的家長，必須將全民視為他自己的子子孫孫。他必須仁慈，有同情心，必須時刻關注人民的福祉。

但根據高卡的觀察，沙立的民主「儘管滿口仁義道德，實際上只是軍事獨裁統治。」[5]不過那是榮耀蒲美蓬的軍事獨裁統治。

美國對這種安排很是滿意。當時美國國務院認為，「在今後很長一段期間，獨裁專制仍將是自由亞洲的常態」。美國大使亞歷西斯．強森（Alexis Johnson）在一封外交密電中的說法，似乎也與這個觀點相互呼應：

> 泰國政府是一個幾乎完全靠軍事力量建立的獨裁政府，但我們不需要……因為支持這樣的政府而心有惴惴……泰國還沒有做好建立真正民主政府的準備，這是現實問題。但就算撇開這一點不談，我們仍要指出，無論從廣度與深度而言，美國從泰國獲得的，都已經超越美國從其他任何地區獲得的政治支持。此外，泰國軍方與政府領導人一般保守，再加上古老傳統制度（包括王室與佛教），都形成對抗共產主義勢力擴張的堅強壁壘。[6]

沙立鼓勵蒲美蓬夫婦走訪全國各地；兩人在農鄉偏遠地區獲得的狂熱歡迎，證明國王是半人半神的迷信仍然在民間牢不可破。西方媒體也繪聲繪影，為泰王泰后的神話搖旗吶喊。但真正的權力控制在軍隊與美國手中。在沙立與華府眼中，蒲美蓬是一個有民望、有皇家神聖氛圍的傀儡，有效駕馭這個傀儡能讓他們的控制合法化。

在二次大戰戰後數十年間，美國的政治與經濟壟斷讓泰國改頭換面。美國資金的不斷湧入，為泰國帶來長期經濟榮景。在銀行帶動下，泰國國內經濟不斷成長升溫。這些銀行大體上為華裔家族擁有，他們將泰國農村居民存入的錢，借給同樣大體上為華裔家族擁有的公司企業。宮廷大力引薦華裔大亨，進入保王派上流社會精英，並且透過「王室資產管理局」（Crown Property

Bureau）直接參與商務。一九四八年的「王室資產法」（Crown Property Act）明文規定，王室資產管理局不必付稅，而且它的資產與收入管控問題「完全取決於王室意向」。誠如王室資產學者波凡・育亞農（Porphant Ouyyanont）所說，王室資產管理局「是一個獨樹一格的單位……很難用泰國法律加以定位」。它的財富主要有三大基礎：大量的土地所有權、泰國商業銀行（Siam Commercial Bank）*以及暹羅水泥（Siam Cement）。[7]沙立的軍方也透過它在國營事業中的股份，與這些舊勢力掛鉤。泰國經濟雖然成長，貧苦百姓卻一點好處也分不到，收入不平等現象急遽惡化。[8]

沙立在數十年酗酒之後於一九六三年去世，得年五十五歲。幾個月以後，一樁家族遺產爭議把他窮兇極惡的貪腐真相曝光。調查人員發現，他侵吞得來、投入企業的資產超過一億四千萬美元，還養了幾十個情婦，這些情婦有許多獲得他贈與的房子、汽車，並且還支領薪水。《紐約時報》報導，沙立家族控有至少十五家公司，包括「一家包辦泰國黃金進口的銀行，一家屢獲政府重大工程合約的建築公司，一家釀酒廠，以及一家國營彩券專賣事業。」沙立還擁有五十一輛汽車，一架直升機與一艘海釣船。[9]

沙立在軍事執政團的兩名接班人——他農・吉滴卡宗（Thanom Kittikachorn）與巴博・乍魯

* 編按：泰國第一家銀行，成立於一九〇四年。

沙天（Praphas Charusathien）元帥——也像他一樣是貪污高手。此外，如安德森所說，「美國的大舉介入也造成嚴重社會問題——無所不在的娼妓、沒有父親的混血兒、毒品氾濫、污染、以及許多生活層面的劣質商業化。」[10]所有這些議題都讓泰國窮人越來越不滿意。農村地區反抗情緒在一九六〇年代開始升溫，讓在地下活動的泰國共產黨得到可乘之機。大衛．摩雷爾（David Morell）與柴安．沙木達凡加（Chai-anan Samudavanija）對這個現象有以下解釋：

> 通常遭曼谷與中央平原居民視為二等公民的東北地區人民……對中央政府官員早已有一種負面態度。由於曼谷政權將更多官員派駐東北，官員與地方村民的接觸不斷增加，情勢也越來越緊張。

許多年來，東北地區居民先遭中央政府冷淡，在政府官員大舉進駐以後又與這些官員矛盾叢生——這一切總總，使無數有政治意識的東北地區居民開始同情共產叛軍的訴求。這些叛軍既願意保護他們，不讓地方官員對他們予取予求，還能為他們帶來傳統系統無法為他們辦到的社會流動性。到一九六〇年代初期，泰國共產黨已經讓東北地區許多村民信服，認定自己不再有效忠曼谷政權的必要。[11]

泰國共產黨在一九六五年發動一次武裝叛變。到一九七三年，東北地區有幾個村子已經完全為共產黨控制。但除了真正由泰共發動的叛亂與政治活動以外，偏遠地區農村居民因抗議社會地位不公而進行的一切挑戰，都會被政府戴上「共產黨」與「非泰」的帽子，遭到殘酷鎮壓。當南泰地區馬來裔回教徒叛變、反抗曼谷統治時，曼谷也用這種將一切叛亂指為「共產顛覆」的污名化手段隱瞞事實。為鎮壓偏遠地區反抗事件，泰國在一九六〇年代中期建立國內保安作戰指揮部（Internal Security Operations Command），進一步擴大軍方權勢。國內保安作戰指揮部是一個觸角無所不在的祕密機構，擁有各種權力，可以透過武力與宣傳鎮壓異議。

為了打擊共產主義，爭取農村地區民心，蒲美蓬在六〇年代展開他的「皇家專案」，開始走訪偏遠山區與村民對話，然後以誇張的手段替他們解決問題。但就算經過美化以後，從蒲美蓬訪問活動記錄的字裡行間，也不難看出他的做法極端不專業。[12]行程目的地在最後一刻才匆匆決定，事先不做研究，而且也沒有整體策略。誠如通猜所說：

> 有鑒於王室活動必須公開、負責與透明的概念在泰國簡直是匪夷所思，有關這些專案的真相以及它們的成敗，或許要事隔多年之後才會明朗。可以確定的是，國王手持地圖、筆與筆記本，帶著相機，有時脖子上還掛著一具望遠鏡，穿越偏遠山區，在塵土飛揚的道路、在泥濘不堪的小徑之間抖擻精神地跋山涉水的形象，不斷在媒體上反覆出現，有關畫面也在公共建築與私人民宅隨處可見。在過去幾十年，這些形象已經深植人心。當局已經將蒲美蓬描繪為一位深得民心的王，一位實事求是、努力不懈為民服務的王。[13]

蒲美蓬對偏遠地區的問題所知有限；儘管媒體盛讚他提出的解決辦法英明，事實上他並沒有解決什麼問題。[14]不過皇家宣傳工作倒做得非常成功：所有電視頻道每天都會在王室新聞廣播中，播出國王跋涉鄉野、穿越山間的影像，許多泰國人至今仍然相信，世上沒有任何人會像他們的王一樣，為平民百姓這麼賣力。

蒲美蓬並不在意軍事統治，而且不時還喜歡從他的高度放話，批判軍事執政團。這麼做使他更受民眾喜愛，卻不需要做真正的改革。他對民主世界的混亂頗感不齒。他告訴《生活》（*Life*）雜誌，「我年紀輕輕就當上了國王，那一年我十八歲，而且非常突然間，我了解政治是個骯髒勾當。」他還重申國王在本質上就代表了民主的神話：「我事實上是一個人民選出來的國王。如果人民不要我，他們可以趕我下台，不是嗎？那我就會失業了」。[15]但不滿軍事執政團的民怨於一九七三年爆發，令蒲美蓬大感意外。他被迫表態支持結束軍事獨裁。突然間，泰國又展現了民主生機。

一九七三年暴亂之後的短暫民主，既難以控制也不穩定。學生與工會不斷發動抗議與罷工。一九七五與一九七六年的選舉各有幾十個政黨角逐，這意味他們選出的國會為派系分割，力量軟弱。無論怎麼說，泰國終於有了自一九四〇年代以來第一個民主選舉產生的國會。在這段期間，軍方的眾多暴行遭到揭發、公布。廊開（Nong Khai）省的班那塞（Ban Na Sai）村在一九七四年被夷為平地。軍方當局將事件歸咎於共產黨，但學生的調查顯示，事情是國內保安作戰指揮部幹的。[16]一九七五年，學運人士揭發一九七一至七二年間發生在南部博他侖（Patthalung）省的「紅桶」大屠殺。在這次事件中，當局逮捕數以千計當地村民，經拷問後處死，放進裝滿汽油的大油桶中焚燒——許多村民還沒死就被丟了進去。[17]

「民主」國王的誕生

一九七三年十月，當局逮捕十三名學運分子，引發曼谷街頭前所未見的群眾示威。十月十三日這天走上街頭的人群多達五十萬，是泰國有史以來規模最大的一次群眾示威。示威行動由學生領導，但數以千計的工人也加入示威行列，齊聲譴責政府。國王向軍事執政團要來一紙保證，承諾在一年內頒布新憲法——這算不上什麼重大讓步——隨即要求抗議群眾撤離。第二天，洶湧抗議人潮將曼谷王宮區擠得水泄不通，軍事執政團於是下令軍隊向抗議群眾開火。至少有七十人遇害。有些學生為求保命，氣急敗壞爬上大皇宮城牆。王室讓他們避難。通猜描述當時的情況如下：

或許最重要、最能象徵性詮釋泰王在泰國政治所扮角色的一幕，出現在十月十四日早晨。當時在王宮旁邊街道上被軍警毒打的示威群眾爬上王宮圍牆，要求進入宮內園區避難。之後，著便服的王室成員走出來，會晤學生，向學生表示同情。到當天傍晚，由於軍方內部一個反執政團的派系占得上風，據說也由於執政團與宮廷間的一項協議，軍事執政團被迫下台。蒲美蓬國王面色凝重地在電視露面，宣布十月十四日是「最悲痛的一天」，並指派他的樞密院院長出任總理。[18]

軍事執政團領導人逃離泰國。民眾暴動竟能成功迫使政治改革——這在泰國歷史上是一次分水嶺般的大事。蒲美蓬從來不希望事情有這樣劇烈的後果，而且對事態演變也一直誤判。最後他決定插手，促成軍事執政團下台以避免進一步流血。但他因為大家以為他支持民主而獲得如潮掌聲。韓德利（Paul Handley）說，蒲美蓬從此聲望更加如日中天，成為人民心目中為造福人民而統治的「民主」國王，而一九七三年十月這次事件，對蒲美蓬這個形象至關重要：

從那以後，在泰國人民意識與蒲美蓬本身的紀錄中，十月十四日都具有傳奇性的重大份量。對那一代與之後幾代的學生而言，那是一次史無前例的、人民反抗專制獨裁的事件……

但在官方歷史中，它成了一次國王單槍匹馬、重建憲政與民主的事件。之後的書籍與文章沒有表彰群眾的反抗，只是一味強調蒲美蓬國王如何干預，對付獨裁者，拯救國家免於浩劫。

韓德利說，「無論一九七三年十月這次事件如何定位，這次暴動對王權與王室尊榮的復甦都是一項新高點。」[19]

王宮與保守派保王人士陷於「真正的文化／意識形態恐慌」。[20]學生開始教訓他們的長輩，工人與農民開始主張他們的權利。美國大使查爾斯．懷豪斯（Charles Whitehouse）在外交密電中對當時情況有以下報導：

自一九七三年十月政府更迭以來，泰國局勢相當動盪。泰人的示威抗議或許沒有任何實際成果，但它們意在爭取較公平、經濟利益分配較全面的社會。這些事件造成相當程度的混亂。在保守派眼中，它們已經差不多等於無政府狀態。左派煽動已經造成反感，泰國政治生活已經在過去幾個月出現明顯的兩極化。[21]

蒲美蓬因他的獨裁專制傾向而陷於困惑，抗議怒濤的洶湧也令他恐慌不已。他原以為自己可以控制學生，之後才駭然發現自己大錯特錯。永珍、金邊與西貢都在一九七五年淪入共產黨手中。另一方面，美軍迫於民眾壓力，在一九七六年撤出泰國，更令宮廷緊張萬分。蒲美蓬與詩麗吉與極右派緊密結合。他們與一個叫「那瓦波」（Nawapol）的祕密會社建立密切關係。那瓦波是國內保安作戰指揮部組建的一個小團體，成員包括高級將領、官僚、法官、佛教僧侶與商界精英。王宮也在極右派農村群眾運動「村民偵察隊」（Village Scouts）的組建過程中扮演核心角色，積極參與過他們的思想教育儀式。[22]

一九七六年九月，蒲美蓬允許流亡海外的獨裁者他農返回泰國。這是反動右派為了對付支持民主的人，而策動的一次經過盤算的挑戰。他農奉命在曼谷與皇家淵源最深的寶伏寺（Wat Bovornives）當和尚。在學生與民選的政府憤怒抗議之後，蒲美蓬與詩麗吉連袂前往寶伏寺，親訪他農，以示他們支持他返國。這種挑釁姿態不啻為緊張情勢火上加油，進一步擴大了泰國的政治分裂。數以千計的學生聚集在法政大學校園。十月五日，在電台廣播指控學生褻瀆國王、搞共產主義之後，好幾千名保王派民兵在法政大學校園外集結。在十月六日日出前不久，大屠殺展開：

五點三十分，一枚火箭彈射進法政大學校園內人叢。據報導，有四人當場死亡，幾十人受傷。火箭彈爆炸之後，民兵開始以各式各樣軍用武器進擊，一直到大約上午九點才停火。當時有三分之一抗議群眾在裡面的商學院大樓，挨了好幾枚反戰車飛彈。民兵在攻入校園以後，還把一些學生拖到法政大學校園外，開始動私刑。他們將兩名學生吊在王家田廣場

（Sanam Luang）周遭樹上，不斷拷打，甚至在打死了以後都不肯住手……王家田是分隔法政大學與大皇宮的大公共廣場，從大皇宮只需步行兩分鐘就能走到王家田。一名女學生在逃命時不支倒地，遭追來的民兵性侵、凌虐致死。在王家田與法政大學相對的另一面，三名人事不省但仍然活著的學生，被人架上輪胎，疊在司法部大門前面的馬路上，然後澆上汽油縱火活活燒死。這些殘暴的屠殺就在眾目睽睽之下公然進行。許多旁觀者，包括一些青少年男子，還在一旁鼓掌喝采。[23]

經統治階級右翼鎮壓與國王全力支持下，又一次短暫、註定失敗的民主實驗就這樣結束了。

第六章

「他的心中有神奇、有仁慈，還有力量。」

——拉瑪九世的神明化

一九九二年五月二十日，上午九點三十分左右，泰國電視播出一個難得一見的情景。不出幾小時，這幕情景成為全球各地新聞廣播的重點。拉瑪九世王穿著暗色西裝，坐在一張沙發上，低聲對兩個人說教，這兩人先是匍伏蒲美蓬腳邊，之後畢恭畢敬跪在地上，聽蒲美蓬訓斥。其中一人是蘇欽達．甲巴允（Suchinda Kraprayoon），是一九九一年政變奪權的軍事執政團的實際領導人，他在奪權後透過自編自導的選舉鬧劇當上總理。另一人是占隆．斯力旺（Chamlong Srimuang）。曾當過將領與曼谷市長的占隆，習性怪異，是虔誠的苦行派佛教徒，曾領導群眾抗議蘇欽達的政府。在之前三天，軍方下令鎮壓異議分子，軍隊在曼谷街頭向無武裝的抗議群眾開火，打死幾十個人，好幾百人受傷。一場更血腥的暴亂似乎已經箭在弦上，直到蒲美蓬把蘇欽達與占隆兩人召進王宮，令他們解決之間分歧之後才穩住情勢。這場暴力事件就此平息。

這是蒲美蓬在位期間最膾炙人口的一件事。佩雷吉說，「到一九九〇年代，拉瑪九世早期展示的完美典範已經很多，但沒有一件能像一九九二年五月二十日這次電視轉播這樣令人信服。五千萬電視觀眾看到蘇欽達與占隆跪在國王腳邊……卑躬地接受國王告誡，各退一步，平息了街頭暴力。」[1]《華盛頓郵報》（*Washington Post*）也以一篇熱情洋溢的報導盛讚蒲美蓬：

軍事統治者與反對派領袖一起跪在泰王跟前這幕動人的畫面，怎能讓人輕易淡忘？儘管沒有實權，但蒲美蓬．阿杜德能憑公正無私的立場，能以他致力耕耘了四十二年、一切以民為重的情操為名，至少緩解了蘇欽達．甲巴允與占隆．斯力旺之間的劍拔弩張。蘇欽達是那位擔任總理的將軍，占隆則是領導反對派的前將領。泰國形同鼎沸的危機就這樣撤出街頭，走上政治談判桌。[2]

但頗具反諷意味的是，就像一九七三年那場危機一樣，蒲美蓬根本沒有站在人民這一邊。從即位以來一直主張軍人專政、不喜文人統治的蒲美蓬，這次也展現這種牢不可破的好惡，在整個危機期間從頭至尾支持蘇欽達與軍方。在經電視轉播的、訓斥總理與抗議領導人的過程中，蒲美蓬以嘲弄的口氣談到「所謂民主」，而且斥責的對象主要是占隆，不是蘇欽達。泰國這位反民主的國君，自即位以來第二次成了採取決定性行動以挽救民主的偉人。

就像傳統的統治階級一樣，蒲美蓬對於把國家大政交付於一般民眾之手的民主概念，是斥之以鼻的。他的政治哲學是反民主、反平等的，其出發點是由道德高尚、英明睿智的領袖來管理。不過，國王與貴族菁英卻仍然堅持，他們的統治要比透過選舉與民意產生的政府更民主。他們把他們的統治稱為「以國王為國家元首的民主」，即所謂的「泰式民主」，而且堅信那是最適合泰國的選擇。然而，事實上，泰式民主根本不是民主。

在一九七六年法政大學大屠殺事件過後，民選政府下台，由一個以蒲美蓬與詩麗吉親信之他寧．蓋威欽（Tanin Kraivixien）為首的欽定政府取而代之。數以千計學生於是逃離城市、潛入叢林加入共產黨叛軍。國王面對一場危機。根據美、英兩國大使館在大屠殺之後數周期間發回的祕電，蒲美蓬與他的核心圈子急著追問兩位大使，宮廷該怎麼做才能修補它破碎的形象。褻瀆王室罪行的罰則變得更加嚴厲，王室的宣傳也加強了。誇張得荒唐的宮廷崇拜，即通猜所謂「超尊王主義」（hyper-royalism），就在這時出現。通猜說，「繼一九七六年大屠殺事件過後，在共產黨揚言廢除泰王的聲浪中，泰國的王室神明化巨型工程更加變本加厲，達到前所未有的規模，對右翼保王派而言，這是對共產主義的一場決定性勝利。」[3] 泰國人——特別是精英——開始競相表態，盡可能證明自己是保王派，於是導致政治學者沙維・馬奎茲（Xavier Marquez）所謂的「諂媚膨脹」（flattery inflation）。[4]

事實證明，王室對他寧的支持是又一場災難。由於實在過於極端，也太過無能，他寧在一九七七年遭軍方一個溫和派推翻。在嚐到傾向極右派為宮廷帶來的苦果之後，蒲美蓬與他的核心圈認為，他們需要建立一種比較溫和的精英統治形式。一九八〇年，在宮廷主導下，泰國出現一位新總理：保王派將領普瑞姆・廷素拉暖（Prem Tinsulanonda）。他在位八年，為又一次「泰式」假民主催生。自一九七九年以後，泰國定期舉行選舉，但普瑞姆自己從不拉攏選民。國會影響力大幅削弱，軍方勢力高漲。由將領、大亨、高級官員與法官組成的寡頭政團仍然大權在握。普瑞姆以宮廷首席軍師的身分，位居這個統治精英的核心：

上流社會泰人與渴盼更上一層樓的人士，比過去更積極地競相捐款，參與王室活動。他們爭著加入普瑞姆主導的盛大宮廷社交活動，而杜喜塔尼酒店（Dusit Thani Hotel）就是這些活動的一處核心要地。杜喜酒店是例行性皇家慈善舞會的舉辦會所，詩麗吉、普瑞姆、以及那些與他們一夥、打扮得珠光寶氣的貴婦，成為酒店餐廳的常客。杜喜已經成為商人、政客、將軍、以及他們帶妻子露臉，做生意談公事的地方。[5]

王室的財富成為結合這幫勢力的基金。王室資產管理局開始經營五花八門、數不清的業務。波凡・育亞農寫道，「在這波大舉擴張行動的尾聲，王室資產管理局已經成為一個跨越各行各業的大財團。根據估計，王室資產管理局擁有直接利益的公司多達九十家，在另外三百家公司有間接利益。它擁有泰國境內最大幾家公司集團之一（或許還是最大的那個集團）。」[6]

國會只是龍套，這是泰國統治精英使用戲劇手法來掩飾實際上的權力分配的又一例證。大衛・穆雷（David Murray）對這一點有以下解釋：

為了讓這種權力結構鍍上一層政治合法性，政黨與政府的代議系統也會獲許參與運作，不過這類運作一般只能在為他們劃定的圈圈內進行；迫於這類束縛，政治人物與國會無緣參與中央決策，只能扮演一些跑龍套的小角色。一旦政治人物跨越這些圈圈，軍隊會發動又一次成功的政變，國家也又一次淪為非民主政府。[7]

國會政治淪為骯髒政治「教父」的掌中玩物。這些「教父」（godfathers）大多是各省強人，都在地方上擁有支持他們搞地下活動的親信網絡。透過關係與脅迫，他們可以控制大批選票，使競選成為他們發財的利器。卡辛說，「一旦選上，他們將政治視同做生意，開始標售公共政策、職位、特許或官銜，喊價最高的人得標。」[8]官方將這種可悲的政治生態，歸咎給多年來一直是泰國貪腐政治犧牲品的窮人。官方說，窮人教育程度太差，不懂怎麼選賢，而且還會出賣選票給出價最高的人。[9]這種說法荒謬至極。不斷貪污、不斷靠貪污獲利的人，是統治精英，而不是窮人。

普瑞姆主政八年期間，出口導向的經濟為泰國帶來一波很長的榮景，直到進入九十年代以後盛況依然不減。統治精英各派系也為爭奪這波榮景帶來的財富，而展開你死我活的殊死之爭。普瑞姆曾兩度遭到政變，都因為王宮直接干預、保護，才化險為夷，這證明蒲美蓬絕非對每一項政變都照單全收。

到一九八〇年代末期，泰國精英不再視共產主義為威脅，比較傾向自由派的官員與勢力逐漸膨脹的中產階級開始不斷施壓，要求建立更能反映民意的政府。一九八八年，由於一連發生幾件貪污醜聞，泰軍在與寮國的邊界戰爭中又吞了一場臉面盡失的敗仗，普瑞姆於是辭去總理職位下台。但蒲美蓬立即派他出任樞密院（privy council）主席。樞密院由退休元老組成，是國王的顧問機構，在統治精英階層有舉足輕重的力量。泰國基本權力結構仍然不變。麥卡高曾名噪一時地形容這種現象是「網絡王權」（network monarchy）：

泰國的網絡王權主要有以下特色……在危機期間，國王是政治決策的最後定奪者；國王是國家法統的基本來源；國王就像一個愛說教的國事議題評論員一樣，協助當局訂定國政議程，特別是每年一次的生日演說，更是他說教的重要管道；國王主要透過樞密院大臣與心腹將領等代理人，積極干預政治發展；他的首席代理是前陸軍總司令與總理普瑞姆．廷素拉暖，普瑞姆會幫著國王決定聯合政府的性質，並負責監督軍方與其他人事陞遷。就本質而言，這類網絡式治理靠的是，把適當的人（主要就是「對的人」）擺在適當的職位上……網絡王權先天上就是非自由的，因為它強調對「賢人」的依賴，而貶抑正式的政治建制或程序。法治與人民主權這類原則被忽視了。[10]

繼普瑞姆之後出任總理的是差猜．春哈旺（Chaticha Choonhavan）。差猜出身精英世家，他的政府同樣腐敗，但他沒有將大權交付軍官，而是讓政客大權在握，由政客在全國斂財。由於部會首長個個躍躍欲試、爭先恐後地忙著利用職權搜刮，差猜政府不久得了一個外號，叫「自助餐內閣」（buffet cabinet）——即民脂民膏皆自行取用之意。軍方很快就決定，又應該搞政變了。蘇欽達的軍事執政團於是在一九九一年經國王認可發動政變。這次政變的領導人保證肅清泰國政治，重建民主。但事實證明這些保證不過是空談，網絡王權於是冷不防遭到又一次群眾暴動，這一次發動暴動的是中產階級。

黑色五月中產階級暴動

在一九九一年從民選政府手上奪得政權以後，蘇欽達的軍事執政團開始草擬新憲法。擬議中的新憲是一次民主的大挫敗，因為其中有好些條款，目的都在讓軍方甚至在選舉舉行以後還能永久控制政治。《曼谷郵報》（*Bangkok Post*）在頭版的一篇社論中說，「我們告訴自己，絕不能再讓泰國人民遭遇這樣的輕蔑，絕不能再讓軍方精英們對泰國人民的民主渴望如此不屑一顧。」《曼谷郵報》指出，軍事執政團曾經保證建立「一個新政治紀元；在這個新紀元中，下一次選舉會自由而公平，政界人士貪污腐敗的情況會改善，而且最重要的是，一個全面民主的國會將產生」。它又說，「而現在看來，這不過是個殘酷的幻覺罷了。」[11] 十一月十九日，七萬多人集結，抗議這部擬議中的新憲。這是一九七三年以來，規模最大的一次群眾示威。全民民主運動（Campaign for Popular Democracy）在十二月進行的一次調查發現，在接受訪問的三十一萬兩千三百五十七人中，百分之九十八點八的人反對這部新憲草。抗議群眾聲勢越來越大，要求民主的呼聲也越來越響。之後，國王突然粉碎了這一切指望。蒲美蓬在他的一九九一年生日演說中說，這世上沒有完美無瑕的政治系統，對泰國這樣一個貧窮的國家來說，妥協與團結，比運用從外國進口的民主觀念、創一部理想的憲法更重要。他要泰國人將抗議行動就此打住。蒲美蓬說，如果憲法有問題，人民可以在日後慢慢修訂不遲。

在一九九二年三月舉行的選舉中，親軍方的政黨贏得大多數席位。原本保證會在重建民主之後下台的蘇欽達，邊說邊淚流滿面地宣布，為了「拯救國家」，他不得不繼續擔任總理。之後，蘇欽達任命一個內閣，閣員若不是他的親密盟友，就是那些操守可疑的政治教父。僅僅一年以前還遭軍事執政團譴責，並因為財富聚斂過多而遭調查的一些人，也當了國會議員。麥卡高對這件事有以下觀察：

這是國會獨裁的極致型態：這個選舉過程由獨裁團體一手掌握的國會，在成立以後將總理大權交給獨裁者。蘇欽達宣布他的內閣，也為泰國帶來最大的震撼。他在一年以前痛斥為「有錢得不尋常」的那些政客，現在成了他的內閣閣員，這一幕讓人不禁聯想到喬治．歐威爾（George Orwell）所著的《動物農莊》（*Animal Farm*）最後幾頁的情景。[12]*

曼谷的中產階級與商界憤怒異常。大多數報紙都譴責蘇欽達。《國家報》說，蘇欽達已經創下「一個很難超越的偽善標準」。[13]泰國股市重挫，隨著政治亂象持續惡化，要求民主

＊編按：《動物農莊》的故事情節是，人類剝削動物，豬於是領導動物起來革命，趕走了人，但當豬當了統治者以後，剝削動物的手段不亞於之前的人類。

的抗議運動也出現了。在四月底與五月初之間，占隆．斯力旺領導了好幾個幾萬人規模的抗議示威。蘇欽達與他的盟友譴責抗議群眾，斥他們是共產黨，是反王室分子。這與事實完全不符。大多數抗議群眾是堅決的保王派，而且許多是不久前才致富的中產階級。大衛．穆雷報導，有人說這些群眾是「手機黨」、「野餐黨」、「喝優酪乳的黨」，還有人說他們是「雅痞黨」。穆雷解釋說，「許多抗議人自備隨身需用，他們攜帶的不是防彈背心與防毒面具，而是一袋袋的飲料與點心，手提音響，以及睡鋪。」[14]蒲美蓬似乎沒料到事件會有如此發展，儘管越來越多民眾加入抗議陣營，他繼續支持軍方。五月十七日傍晚，約二十萬人湧進王家田廣場。占隆領著他們往政府大樓行進，但在方法（Phan Fa）橋被鐵刺網攔阻。雙方發生扭打，幾十名抗議群眾與警員受傷。五月十八日凌晨，政府宣布緊急狀態。暴力衝突情勢更加惡化，士兵用M16衝鋒槍向群眾開火，打死幾個人。抗議群眾不肯解散，還挑釁似地高舉著手，示意他們並沒有武裝。到了下午，蘇欽達出現在電視上，宣布政府已經別無選擇，只有使用一切必要手段。穆雷對當天的事件有以下報導：

約一萬名抗議群眾仍然聚集在公共關係部外。到下午六點，皇家酒店（Royal Hotel）外也聚了兩萬人。他們對軍隊喝倒采，嘲諷軍隊，還向士兵揮舞染血的衣衫，向士兵挑釁。軍隊向他們頭頂上方一連開了好幾次火。到八點三十分，群眾聲勢急遽壯大，占用了公共汽車……將車輛點火燃燒，還將水泥製的大花盆堆起來充做路障。群眾不斷嘲諷怒罵，高喊反蘇欽達口號。軍隊與示威群眾為奪取公共關係部前的地區不斷衝突。八點四十分，軍隊向大約三萬抗議群眾開火，之後在十點二十分再度開火。這兩次開火都持續了相當時間，恐怕有三十多人死難。抗議群眾用國旗覆蓋死者屍體。根據一支現場錄影帶，一名軍官大聲下令要軍隊任意開火。這支錄影帶的畫面還顯示，一名示威者在逃跑時遭自動武器狂掃而中彈倒地。抗議行動中究竟有多少無武裝平民被殺，至今仍不得而知。

五月十九日上午五點左右，軍隊攻擊皇家酒店，當時抗議群眾用皇家酒店做為治療受傷群眾的臨時醫護中心。軍隊逮捕了幾千名抗議群眾，用卡車把他們載走。穆雷報導，到八點三十分，拉差當能大道（Ratchadamnoen Avenue）的抵抗活動已經遭到鎮壓：

> 大道上已經沒有人跡。被燒的政府建築物仍冒著濃煙。成千隻涼鞋散落一地。汽車、小貨卡、三輛油罐車與七輛巴士被燒得焦黑變形的殘骸，在街上隨處倒著。人行道與馬路上到處是碎玻璃。[15]

蒲美蓬的袖手旁觀、不加干預，似乎讓泰國各地與世界各國越來越困擾與不解。當時許多人猜測，軍方一定已經將蒲美蓬監控，讓他無法與外界接觸。《時代》雜誌報導：

> 曼谷……不再是一個繁華的都城。它已經淪為一個休克之城：大混亂讓它麻木，大街上的集體殘殺讓它震駭，對總理——已經成為全泰國最遭人恨的人——的仇恨，也讓曼谷怒氣沖天。在這三天期間，人民望著大皇宮，祈求那位能扭轉乾坤的人出手。他們等待良久卻苦無回音，許多泰國人因此開始相信蒲美蓬國王……可能不願冒險浪擲他的道德權威，因為他的話已經起不了作用。軍人在與老百姓作戰。雙方都已經開始掘壕固守，不肯退縮。一個原本沐浴在經濟成功豔陽下的國家，現在似乎正邁向星月無光的漫漫長夜。[16]

最後，在五月二十日，王宮終於採取行動。上午六點，詩琳通公主在電視上露面，懇請終止殺戮。當天晚上，蒲美蓬進行了他那次著名的干預，事件隨告結束，他的聲望也更高了。泰國中產階級對他比過去更加崇拜，只不過他們所以這麼崇拜蒲美蓬，只因為他們完全誤解了他在這場危機中扮演的角色。克里斯·貝克對這件事有以下看法：

> 自一九七六年那場鬧劇以來，泰國精英與中產階級中，有很重要一部分人需要將國王假想為一種民主象徵，特別是一種對抗軍人、對抗商人（軍人用槍鎮壓民主，商人用

錢腐化民主）的民主象徵。這些人希望利用王室龐大的道德權威進行統治，而無須注意政治。他們狼狽為奸，改寫歷史，把國王塑造成一位一九七三與一九九二年危機中的和平締造者，他們粉飾一九七六年事件，把一九三二年的革命撇開不提，讓民主似乎成為國王的一種賞賜。[17]

神話又一次戰勝了現實。

一九九二年五月的事件，似乎為軍方肆意干預泰國政治的做法劃上句點。事件結束後出現一連幾個不穩定的民選文人政府，大體而言盡皆腐敗而無能。政治人物在當權體系中仍然只是次要角色，真正大權仍然掌握在商界大亨、官僚與宮廷屬意的人士手中。但黑色五月暴動已經證明王室統治的缺失：

儘管一般認為，一九九二年五月暴力事件已經向泰國人釋出訊號，要他們不要再仰賴軍方與王室，讓他們知道他們必須展開徹底的憲政改革，但一切證據顯示，國王本身沒能了解這一點……一九九二年五月暴力事件為國王帶來一個顯然強有力的態勢。由於一次表面上成功的干預，他解決了這場危機，成為最高政治仲裁者。但這次干預也標示出他的權威分水嶺。他持續支持軍方，反映他對泰國政治與社會秩序的了解已經老舊過時了。[18]

在他的年度生日演說中，蒲美蓬國王厲斥歷屆政府，將民怨歸咎於政客的貪婪與無能。他特別強調兩個都與王權老傳統有關的議題。在古阿瑜陀耶王國，水管理是王室扮演的重要、神聖的角色，而蒲美蓬對水的管理也非常熱衷，親身參與各式防洪、築壩與造雨計劃。他同時也非常公開地介入各項行動，紓解曼谷持續惡化的交通問題。多年的經濟成長與都市計劃的無能，都讓首都的行不得也舉世聞名。而王室也為曼谷交通雪上加霜，因為就像幾百年前的阿瑜陀耶一樣，當局在皇家車隊通過首都時實施嚴厲交通管制。重要道路在好幾小時以前就必須封鎖。為遵奉臣民置身處不得高於國王的古例，路橋與專供行人穿越的天橋也必須關閉。這種延誤與不便讓平民百姓怨聲載道——就連載著重病患趕往醫院的救護車，碰上王室出巡車隊，也得像其他人一樣，一等幾個小時。國王開始大力推動改善交通，不斷上電視，教導官員如何管理交通。保羅．漢利說，「這看起來很好，但事實上沒什麼意義。國王提出的建議有些也很有用，但它們大多反映的是已經實施的行動。他的有些建議根本上是錯的。」[19]

同時，泰國一些比較傾向自由派的主政人士已經認清一件事：必須為較長程的安定奠定基礎，創建一個即使在蒲美蓬死了以後仍能維持精英主控的政治系統。他們力促通過降低對王室的依賴的新憲法，並強調實際上能有效治國的「賢人」精英網絡。不過保守的保王派堅決反對憲政改革，不肯將更多權力下放給國會，從而稀釋宮廷大權。麥卡高說，「政治改革議程反映的是，自由派與保守派為爭奪網絡王權之魂而進行的鬥爭。」[20]

在一九九七年，情況似乎是保守派將占得上風。但一次突如其來、兇險萬分的經濟震撼改變了一切。在泰國商界唯裙帶關係是問的傳統助威下，自一九八〇年代以來讓泰國改頭換面的飛速成長，已經造成一種泡沫心態。銀行不加審查就發放貸款，而且貸出的錢往往並非投資於生產性目的。此外，湧入泰國的外資大多屬於投資投機性短程資產的「熱錢」，投資標的並非生產性資本。隨著泰國經濟問題越來越明顯，外國人開始撤資。一九九七年五月，外資出現恐慌性撤資。政府垂頭喪氣，束手無策，最後只得屈服，在七月二日將泰銖貶值。泰國經濟開始無量重挫，並且引發一場區域性危機，造成東南亞各地市場一片恐慌性賣壓。國際投資人對東南亞原本亮麗非常的經濟遠景信心盡失，突然間，擺在他們眼前的是貪污腐敗與裙帶資本主義積習已深的黑暗現實。泰國經濟奇蹟的神話已於瞬間化歸泡影。

這場危機是王室資產管理局的一場大難。由於過度膨脹、融資槓桿過高，泰國商業銀行與暹羅水泥就技術而言已經破產。像王室資產管理局旗下其他大多數成員一樣，它們停止發放股息。王室資產管理局年收入慘跌百分之七十五。[21]遭到這場金融大難重挫的保守派，在心驚膽戰之餘，不再反對推動新憲。所謂「人民憲法」於是在一九九七年十月頒布。儘管遠遠談不上進步，這部新憲已經比過去的安排有所改善。它加強民選首長權力，以終止多年來軟弱無力的旋轉門式政府形態，並且建立幾個由精英顯要組成的新機構以為制衡。麥卡高認為，「換言之，網絡王權可以在較穩固的基礎上重組，超越直到目前為止一直存在的非正式次系統。」[22]麥克・康諾（Michael Connors）稱這種系統為「王室自由主義」（royal liberalism）：「泰國式自由民主的意義是，**只有在人們可以做正確的選擇時**，政府才需要人民的同意來進行統治；政府的權力劃分為行政、立法與司法三部門，但國王握有至高無上的控制權，扮演守護神之角色。」[23]它是泰國式民主的又一化身——表面上雖也有選舉與代議式政府，但實權掌握在保王派寡頭手中：

> 新憲的不成文原則很簡單：賢人才可以參政，這些明理的政治人物得遵行約定俗成的遊戲規則，不能挑戰王室的權力或聲望，而王室也不會干預他們的活動，做為對他們的回報。[24]

泰國的二十一世紀歷史，像是一部非常漸進而混亂的民主進化史。歷史學者高卡・蘇文納潘說，這部進化史還有很長的路要走：

> 談到泰國的民主，從一九三二到一九九〇年代間，若往好處看，充其量也只能算是仁慈君主的專政，若往壞處看，根本就是一群貪婪、妄自尊大、厚顏無恥的政客與官僚的權力分贓系統。很顯然，這種系統與平民百姓扯不上什麼關係，在統治精英這種權力鬥爭與權力共享的整個政治運作過程中，平民百姓分配到的部分微不足道……

簡言之，我們甚至可以說，泰國境內根本從未出現過真正的民主。在泰國建立並經過苦心耕耘的，其實是一種反民主，一種寡頭統治……一種親信好友共享的絕對權力體制。事實證明，這體制完全無法滿足現代泰國的渴望。[25]

儘管精英仍然政治大權在握，但表面上看來，較具包容性的民主國基礎似乎已經奠定。泰國從經濟崩盤中逐步復甦。由於首要幾名精英銀行家經當局徵召伸出援手，王室資產管理局的財務狀況漸趨好轉。泰國商業銀行獲得政府特許，以其他金融機構無法享有的高度優惠條件進行資本重組。[26]軍隊似乎也已退回軍營中，停止它沒完沒了的政治干預。泰國又成為人們眼中的成功故事，本國與國際媒體也異口同聲將國王列為救世主。

一九九九年十二月，蒲美蓬慶祝他的七十二歲生日——由於泰國佛教徒以十二年為周期計算生命，這是一個特別重要的生日。泰國安排了一個月的慶典活動為國王慶生。在生日當天的十二月五日，曼谷新建的高架天車（Skytrain）正式通車。高架天車輕軌系統可以稍事舒緩首都永無休止的塞車夢魘，但它也帶來一個棘手難題：當王室車隊通過天車系統下方時，會出現什麼狀況？一名官員告訴《紐約時報》，「我們與……王宮討論過這個問題，王宮已經允許天車在這種情況下正常行駛，無須停車。」[27]王室似乎也開始擁抱現代了。《時代雜誌》在一篇讚美蒲美蓬、熱情洋溢的報導中說：

泰國全民對國王無不敬仰……在村子裡，許多村民至今仍然對國王敬畏萬分，甚至不敢抬眼正視國王。他們拿出手帕，讓他在上面踩過，然後把這方印有國王足跡的帕子供在自家神壇上。

泰國人談到他們的王，永遠只有讚美。在曼谷繁華的素坤逸路（Sukhumvit Road）上賣花、像泰王一樣也是現年七十二歲的披．沙拉當（Pim Sairattanee）說，「如果不是因為有了他，泰國不值得我們生活。」現年四十二歲的普拉丘．維拉旺（Prachob Virawong）補了一句：「他有一顆純淨的心，他的心中有神奇、有仁慈，還有力量。」普拉丘來自貧窮的東北，在曼谷街頭兜售炸蚱蜢。拳擊手蘇魯．卡辛（Somluck Khamsing）一九九六年在亞特蘭大為泰國贏得第一面奧運金牌時，將泰王的照片高舉在頭上慶功。曼谷政治學者與柴安．沙木達凡加說：「他或許是這世上唯一一位擁有全民敬愛、而且沒有人畏懼的君王。」

但在美化蒲美蓬形象的同時，《時代雜誌》也承認泰國的故事確有其「陰暗面」：「泰國透過它的國家航空公司自我推銷，說自己像絲一般光滑柔美。但在太多情況下，自私、渴望權力與憤世嫉俗的人，為滿足一己野心，將這絲扯得粉碎。」《時代雜誌》也以巧妙的語言暗示，許多人擔心蒲美蓬一旦去世，會為泰國帶來動亂：

許多泰國人一想到蒲美蓬可能即將辭世就提心吊膽。甚至在舉國為泰王七十二歲華誕慶典做準備的同時，泰國人想到未來，仍不免一絲不祥陰影襲上心頭。四十七歲的王儲哇集拉隆功，直到今天還無法像他父親一樣，享有泰國人那種五體投地的崇敬。有人說，國王立下的標準過高，王儲根本不可能辦到。

雖然有這些顧慮，《時代雜誌》仍然達成結論說，蒲美蓬可以因為功德圓滿而自我告慰：「經過半個多世紀的統治，國王應該可以超越這樣的顧慮了。」[28]只是這些恭維之詞說得過早了些。在「笑的國度」表象之下，一場足以毀滅王室進步神話、把泰國帶向內戰邊緣的接班鬥爭正在醞釀。

第七章

「永無止境的王位之爭」

——持續不斷宮廷鬥爭的原因

將二十一世紀泰國鬧得四分五裂的社會與政治衝突，由於過度激烈，敵對各造就連他們究竟在爭些什麼的問題都無法達成協議。但在這場鬥爭不涉什麼的問題上，所有重要人物倒都能異口同聲，看法一致。他們都堅持，鬥爭與蒲美蓬駕崩帶來的、諱莫如深的王位繼承問題絕對無關。

在二〇一〇年暴動震撼曼谷之後，泰國外交部為外交官與記者發了一份文件，答覆一些「有關泰國當前政治情勢經常有人問到的問題」。第十個問題是，「王位繼承議題的不確定，是不是造成泰國情勢動盪的一項因素？」根據外交部，答案是斬釘截鐵的「不」：

> 無論就王位繼承人選，以及一旦發生繼承時必要的相關規則與程序問題而言，王位繼承議題都很明確。現行憲法也有相關條文，規定樞密院、國會與內閣的特定角色。
>
> 但無論怎麼說，鑒於國王陛下六十多年來為泰國全民福祉所做的一切，以及泰人像敬愛父親一樣敬愛國王的事實，對泰人而言，接班無疑是一個難以啟齒的議題。也因此人民對這個議題感到憂慮是很正常的。[1]

出身英國貴族學校伊頓公學院（Eton）與牛津大學、於二〇〇八年年底在引起爭議的情況下成為泰國總理的民主黨黨魁阿披實・維乍集瓦（Abhisit Vejjajiva），有一次在香港外國記者俱樂部集會中答覆有關王位接班問題時，也表示類似看法：

如果觀察繼承議題，我們應該接受兩件事。第一件事是，有沒有明確的繼承法規。如果有明確的繼承法規，有關繼承程序怎麼實際進行、運作的許多疑問可以一掃而空。泰國憲法明文規定繼承事宜。所以就這方面而言，可以除去一些疑惑與不確定。

第二個議題是無可爭辯的。如果事涉一位在位六十多年的領導人，而且這位領導人還享有人民如此崇拜、尊敬，人民的擔心、憂慮是必然的。任何一個國家或社會，或甚至組織，若有一位在位這麼久、這麼得人心的領導人，一旦出現繼承問題一定讓人焦慮不已，我沒聽過有什麼例外。不過泰國必須做到一點：我們是一個成熟的國家，無論必須面對什麼改變，必須面對什麼經濟、政治與其他任何議題，我們都得沉著以對。一旦事情發生，對我們全體泰國人而言都會是一段非常艱難的時刻，因為我們都離不開國王陛下。但我們必須向全世界證明我們是成熟的民族，是成熟的社會，我們可以應付所有議題與改變。[2]

阿披實的政治死對頭是塔信．西那瓦。他把泰國出的一切亂子完全推給塔信。[3]不過兩人在一件事情上似乎並無爭議，這件事就是王位繼承。刻正流亡杜拜的塔信，在他所住的杜拜別墅中接受《時代雜誌》訪問時說：

國王是最受敬仰的人。在泰國人民心目中，他像神一樣……泰國已經在這個王朝統治下過了兩百多年。王位繼承過程會很平穩，不過在新王繼任以前，泰國人需要調和他們的紛歧。王位繼承過程會很平穩。[4]

在二〇一二年接受彭博新聞社（Bloomberg News）訪問時，塔信仍然不改口風：「王位繼承應該不會有任何問題。沒有什麼好擔心的。」[5]

所以說，來自衝突兩造精英的訊息都很明確。對許多泰國人而言，蒲美蓬之死或許是巨大創痛，但在誰繼位為王的問題上並無爭議——哇集拉隆功王儲是法定繼承人，王位繼承將根據明文訂定的法規順利進行。外交部說，「因此，繼承問題沒有不確定的理由，其他捕風捉影的臆測也沒有正當根據。」[6]

絕大多數記者與學者也對這類說法照單全收，但是，它們完全不實。許多世紀以來在整個泰國史上，王位繼承幾乎從來就是暴力角逐下的結果，相關繼承法規幾乎千篇一律、無一不遭破壞。現代的泰國也不例外。王位繼承的殊死之爭是國家動亂的主要原因。

泰國的命運一直取決於兩項平行的衝突。許多世紀以來，統治階級總是盡力壓迫、榨取平民百姓，平民百姓則為爭自由與一個較公平的社會而抗爭。而許多世紀以來，統治當局各派系為鞏固、擴大各自的權力，也長期處於劍拔弩張的緊張情勢中。許多年來，學者為求詮釋走入現代以前、以及當代東南亞地區的「國」（the state），一直絞盡腦汁，但想了解這類國家，最好的辦法，就是把它視同由數個家族組成的一個鬆散的聯盟，而這類國家的權力幾世紀以來都由這些家族壟斷。這些握有大權的家族彼此纏鬥，隨著一些家族勢力崛起、另一些家族勢力削弱，這種寡頭壟斷的景觀也不斷變化。但儘管彼此相爭，這些家族都有維持精英統治的共同利益。卡里奇・威爾斯觀察到，在絕對王權期間，統治階級成員「不斷忙著向位居他們之上的人，向位居最頂端的國王，展現必要程度的尊敬，一方面毫不留情、肆意踐踏在社會階梯上位於他們之下的人」。直到今天，這種情勢依然不變。[7]不過他們對王室的尊崇從來就是一種做戲，那其實是他們為保有統治地位而採取的現實策略，而不是發自內心的對王室的敬拜。統治精英屬意的，是一位可以讓全民景仰、保持王國一統的國王，但這國王還得不具實權，只是統治階級的傀儡，而不是他們的主人。統治階級表面上對宮廷阿諛奉承，骨子裡要的是他們能夠控制的王。

對於志在確保數百年主控基業的精英家族而言，王位繼承問題的管理非常重要。他們競相扮演「造王者」的角色：一方面想辦法把一位能保護他們、回饋他們的王室成員安置在王位上，另一方面竭盡所能，將可能威脅到他們權勢、地位的統治者斬草除根。統治階級自我採信的印度教與佛教理論，也助長了王位繼承衝突，因為這套理論有一種先天性矛盾——掌權者因為前世所積的「業」而得天下，同時，喪失權力的人自然也是罪有應得。篡奪王位的人可以營造大智慧、大美德的假象，進一步為他們的統治建立合法性，可以運用各式各樣的儀式、禮節來展現自身的虔誠，證明自己才是真正的賢王英主。想奪取合法性還有一項策略，就是在實體上占有王宮，並且擁有聖物、法器與智慧。他們大多認定，想控制王宮，想取得神力盈滿的聖物與法器，光靠武力不行，因為只有正義的人才能擁有這些東西。就這樣，自東南亞地區出現王國以來，暴力衝突與統治精英彼此間的鬥爭就從未間斷。羅伯・海因—吉爾登（Robert Heine-Geldern）發表過一篇有關東南亞王權的經典之作，其中指出：

> 前世之說為意圖篡位的人提供了一條捷徑，輪迴轉世與因果報應的理論更讓這些野心家如魚得水。在緬甸與暹羅只要占有王宮、在印尼某些地方只要能奪得皇家禮服，往往就能獲得全國人民接受、自立為王。要達成這些行動相對來說並不難，這毫無疑問也鼓勵了叛變。更何況國王既享有龐大權力，又不受任何束縛，自然容易濫權，終於搞得臣民怨聲載道，加速他的敗亡。
>
> 在這種情況下，王位繼承規則也很模糊。有時國王自己選定繼承人，有時由大臣指定一位王子繼位。王后這時常能非正式、但有效地運用影響力，推出她們屬意的人選。最先占有王宮並屠戮兄弟的王子，往往就奪得大位了。在這種情況下，東南亞地區的帝國從一開始就變亂頻仍。國王被黜、甚至王朝被推翻的事件層出不窮，自也不足為奇。[8]

阿瑜陀耶開國國君拉瑪鐵菩提（Ramathibodi）於一三六九年死後，他的兒子繼位為王，但不到一年就被迫讓位給一個叔叔。朱拉・查拉邦親王在《生命領主》（*Lords of Life*）中寫道，「這事件開了先例……之後，叔伯篡奪姪兒繼承權的事件層出不窮。」《生命領主》是一部二十世紀暹羅王室編年史，書中承認阿瑜陀耶的歷史「是一部永無止境的、各路人馬爭奪王位的混戰史，因為一直缺少明確的王位繼承規範」。[9]在鬥爭中敗北的人總免不了遭到屠殺。

明定王位繼承規範並嚴格加以執行，固然可以緩解這種層出不窮的血腥殺戮，但一切繼承接班體制都有一個先天性的問題：規範越明確，越不容易保證新國君的品質。想讓國家有一位較能為臣民接受的國君，就得在接班體制中保留一些彈性，擴大潛在候選人的名單，但這麼做會造成更多衝突。羅伯・所羅門（Robert L. Solomon）認為，基於這個理由，東南亞地區的國王一般都在「模糊的繼承」規則下產生：「東南亞有關王位繼承的慣例與理念，總不外在兩極之間擺盪，一是規則標準化（讓王位繼承更順利，更能為人接受），一是彈性（必須至少保有一定程度的能力與適任性）。」[10]

在王位繼承問題上，國王與眾貴族的利益並不一致。國王一般希望繼承規則能嚴格遵行，這樣才能將篡位風險降到最低，讓自己盡可能終老天年，而不是死於非命，也讓自己選定的接班人能在自己死後順利繼位。貴族要的則是保有足夠彈性，這樣才能讓他們影響繼承人選，確保他們屬意、符合他們利益的接班人繼位為王。王位繼承衝突對貴族還有一個好處，因為它們可以防止王室相對於其他精英的勢力過於膨脹。統治王朝既因家族內部不斷出現的鬩牆之爭而耗弱，又必須保有貴族的支持，想在宮廷鞏固權力自然也沒那麼簡單了。

幾位歷史學者指出，東南亞地區諸國國王的權力，往往隨他們與眾貴族間緊張情勢的消長而變化。強有力的國王可以厲行中央集權，加強對貴族的控制，為宮廷爭取較多稅收，向人民徵召更多勞役。但接班鬥爭無時或已，加以精英密謀讓軟弱者登基，王朝於焉衰敗，宮廷權力逐漸流失。首都官員與地區性藩屬城市的領導人於是為自己爭取更多自治權，為自己扣下較多稅收與奴工。每隔或長或短的一段時間，集權中央、獨攬大權的國王再次出現——這國王一般而言靠武力起家、在屠殺最有勢力的幾名舊貴族之後奪得王位。如此周而復始，一再反覆。華特斯筆下的「曼達拉」國度，所以出現這種彷彿六角手風琴般的勢力消長，原因就在這裡。

從一四四八年起統治暹羅凡四十年的扎洛王，是早期的中央集權君主。伍德在他的《暹羅史》中有這麼一段解釋：

> 在扎洛王統治以前，王國內各省，無論由親王或由較低階官員治理，或多或少都像獨立城邦一樣，有自己的軍隊，控制自己的財政，管理自己的內政。扎洛王首創中央集權。他同時還將過去糾纏在一塊的民事與軍事行政劃分開。他提升重要官員位階……讓他們主持各部門，控制整個王國的事務。[11]

扎洛王在一四五六年頒布的宮廷法，將王位繼承法規納為重要部分。根據這項法規，一旦國王去世，王后、而不是嬪妃生的兒子有王位繼承優先權。這些王子有 *chao fa*（一般譯為「天的王子」）的特殊封號。如果王后無兒，王位可以傳給國王的其他親戚。扎洛王還建了一個叫做

uparaja，亦即「副王」的職位，「副王」由國王任命，負責協助國王治理國政，並且就理論上而言，要協助王位繼承順利進行。

但在實際上，這些章法制度沒能遏阻阿瑜陀耶周而復始的王位血腥鬥爭。由於誘因太多，想讓貴族不以身試法很難。有些歷史學者誤以為問題出在法律模糊不清，但有關繼承的法律其實內容非常清楚，問題出在沒有人理會：

> 就理論而言，暹羅王位的繼承由法律明文規範……根據相關法律，王后所出的嫡長子較王室所有其他成員優先。但在整個暹羅史上，由於強勢貴族篡位，或幾個王子爭奪繼承權的違法事件層出不窮，研究暹羅史的人很難想像王位繼承其實有法律明文規定。[12]

大衛・懷亞（David Wyatt）在他的泰國史中指出，精英的野心與影響力是王位繼承衝突不斷的主因：

> 暹羅的政治衝突反映的，主要是重要權貴家族之間的權力競賽，而不是王室的圖謀與內鬥。貴族才是系統存續的真正要件，單一家族可能一連七代都有家族成員擔任國務大臣。貴族可以推舉王位繼承人選，可以替王保住王位，國王只有仔細操控公職任命，讓權貴家族彼此制衡，或引進外人與貴族競爭，才能取得平衡。王室統治是一件危機四伏、必須謹小慎微的工作。[13]

精英家族不斷想方設法擴張自己勢力的野心，有時把國政搞得動盪不安，使整個國家都面臨崩潰或遭征服的危險。十六世紀中葉，阿瑜陀耶有一段時期因治理得太差，加以王位之爭持續不斷，終於淪為緬甸的屬國。懷亞認為，王室與精英之間的結構性緊張造成宮廷越來越弱，是阿瑜陀耶所以在這段期間積弱不振的直接原因：

阿瑜陀耶的國王早自一百年前、扎洛王統治期間，就開始由首都指派官員進駐全國各地，負責所有自由人應盡的勞務與兵役，將人力控制制度化。不過，這種官僚作法只有在國王能百分百保有大臣效忠的情況下才有效。在王朝統治展開之初，這些派駐各地的要員都是新王的密友與盟友。但經過幾任王位繼承，羽翼漸豐的貴族與繼位國王之間的人際關係，自然而然失去過去開創江山期間與老王保有的那種親密。日久年深，雙方越行越遠，直到最後有一天，一派或幾派貴族聯手，聚集必要的人力與資源將國王罷黜為止，新王朝於是出現，展開又一輪循環。阿瑜陀耶國內部這種制式化關係的解體過程，在一五六〇年代已經達到一種相當嚴重的階段。[14]

十七世紀期間，由於在阿瑜陀耶建立貿易據點的外來勢力越來越多，外界的影響使泰國政情更加動盪。外來派系開始投入王位繼承衝突，意圖協助自己屬意的候選人登基，從而取得商業與政治影響力。這種情勢為意圖控制舊貴族勢力的阿瑜陀耶君主帶來一些自由運作空間。他們可以讓控有人力的傳統泰國精英，與有影響力、鼓吹國際貿易的外國人相爭，以坐收漁利。懷亞對這種情勢有以下解釋：

> 就這樣，外來的人不僅能擔任高官，還能創建顯爵世家，壟斷某些國務，扮演重要的政治角色。他們的子孫承襲餘蔭，繼續擔任高官顯爵，直到二十世紀。[15]

邦納（Bunnag）家族就是這樣一個貴胄之家，它由兩個於一六〇二年抵達暹羅的波斯人兄弟創建，兩兄弟之後都身居要職。邦納家族靠著聚斂的財富，對一連幾個王朝施展一言九鼎的影響力。眼見外國人可以如此輕而易舉在宮廷掌權坐大，令既有的貴胄家族驚惶不已。那萊王（King Narai）*在靠日本人、北大年馬來人（Patani Malay）**與波斯人派系協助，於一六五六年奪得王位以後，王室越來越聽信希臘冒險家康士坦丁．法爾康（Constantine Phaulkon）的獻策。法爾康不斷替王室出主意，甚至還曾不切實際地想說服那萊王皈依天主教，與法國結盟，終於惹惱其他外國派系與傳統泰國統治精英。一六八八年，那萊王健康狀況惡化，王位繼承危機迫在眼前，法爾康

---

* 編按：阿瑜陀耶國王，在為期間為一六二九至一六八八，以與西方的密切交往，尤其是與法王路易十四的外交而著稱。但其開放政策激怒了泰人與貴族集團，那萊王臨死前部下發動政變並奪取王位。暹羅重新走向鎖國。

** 編按：北大年馬來是一種語言，主要使用者是位在馬來西亞北部與泰國接壤的吉蘭丹（Kelantan）地區的馬來人，與泰國境內的馬來人。

在宮廷的泰國死對頭奪權，法爾康連同那萊的幾個兒子遭處決，法國人被驅逐出境。在之後一百五十年，西方國家對暹羅政治的影響力重挫。

王室權力的式微與貴族自治力的增長，無可避免地啟動了又一輪亂局。儘管當局想辦法在皇家史上將它們一筆抹殺，把古暹羅描繪為一個快樂而和諧的國度，但在十七、十八世紀的泰國，民眾暴動與叛亂事件遠比精英願意承認的頻繁得多。克里斯．貝克指出，根據《昆昌昆平唱本》的描述，「國王在整個故事情節中一直為叛亂而恐懼」。[16]

救世派佛教的農民暴動

直到二十世紀初葉，泰王國境內爆發的幾乎一切平民暴動，都以開創理想社會或以救世運動的形式呈現，它們都以頗具領導魅力的「聖徒」（holy men）為核心，都根據佛教傳統引經據典，主張領導合法性來自宗教美德與善行義舉，而不是皇家血統。根據傳統佛教教義，人應該認命服從，接受既有階級劃分的社會秩序，積德行善，以便下輩子活得好些；反之，激進的救世派佛家（millenarianism）論點則認為農民可以在今生就大幅改善他們的情勢。田邊根岸（Shigeharu Tanabe）對這個問題有以下看法：

主流的佛教理論一直透過一種高度組織化、遍及社會各階層的系統，操控著民意，讓民眾同意因果報應。它說服民眾，讓民眾相信，想獲得救贖只能寄望於來世，而且來世的救贖取決於今生能否積德行善。佛寺成為這種意識形態的發電站，僧侶與普通信徒在佛寺進行的儀式性溝通，不斷灌輸這種因果報應概念，強化對民意的操控……

佛教救世派則認為救世主即將出現，新紀元即將在這世上建立，透過集體感情與行為，今生可以立即獲得救贖。[17]

加入這些暴亂的平民百姓認為，由於一位真正公義的統治者已經到來，一個較美好的世界即將出現，他們的悲慘生活也即將否極泰來。史考特說，「儘管這些暴亂往往以悲劇收場，但這種緊抱希望、奮力進取的意志，這種認定自己可以開創美好世界的信念，不但值得我們仔細注意，甚或還值得我們敬仰。」史考特指出，在東南亞發起救世運動的這些「聖徒」，與「其他遭剝削、遭污名化民族的指望有一種絕對錯不了的相似性」：

宗教改革再洗禮派（Anabaptist）發動的內戰、美拉尼西亞（Melanesia）原住民為爭物質財富而結合的叛黨（cargo cults）、俄國農奴相信沙皇已經頒布命令釋放他們、新世界的奴隸認定救世主已經近在眼前，以及其他數以百計、絕不僅限於猶太與基督教義框架，有關救世之王或神即將降世（或再次降世）的期望。頗具反諷意味的是，這些期望儘管源於對世事的誤判，有時也能勢成燎原，終於引發叛亂，確實改變了現狀。[18]

在阿瑜陀耶曼達拉國北部與東北部寮裔少數民族聚居的蘭納（Lanna）與依善（Isaan）地區，變亂情事尤其普遍。一六九九年，一位名叫邦光（Bun Kwang）的聖徒奪占呵叻（Nakhon Ratchasima）城，抵擋皇家當局一年有餘。這次農民叛亂由於規模很大，成為泰國成文史的一部分，但其他許多類似叛亂遭史官一筆勾銷。

在朱拉隆功統治期間，由於朱拉隆功厲行中央集權，意圖加緊對舊有蘭納國與依善地區的控制權，泰北與東北地區出現好幾起以救世為號召的農民暴動。當時中央政府推出嚴厲的稅法，傳統地方權力結構為絕對集權的官僚機制取而代之。於是，清邁省在一八八九至九〇年間、孔敬省在一八九五年間、依善的幾個地區在一九〇一至〇二年間、以及帕城（Phrae）在一九〇二年間爆發多起叛亂事件。[19]這些事件與前幾世紀的「聖徒」造反事件如出一轍：農民團結在有魅力的領導人旗下，宣布獨立，不接受中央的剝削與高壓。他們後來都遭暹羅當局殘酷鎮壓。誠如查爾斯·凱耶斯（Charles Keyes）所說，這些暴亂足以證明「圍繞在政治權力四周的一場危機」。[20]所謂泰國人都像敬愛父親一樣崇拜他們的王，完全是一派胡言。僅憑尊王的意識形態不足以維護精英的統治權，它還需要暴力與高壓。

進入十八世紀以後，越來越多泰國平民百姓想出辦法躲避政府剝削，政府的人力與財務資源逐漸枯竭：

在十八世紀大部分期間，皇家法令反覆提到政府可資運用的勞役不足的問題。很顯然，許多每年必須服勞役的自由人都在逃避他們的義務。有些自由人根本不登記；還有些自由人投身親王或高官的保護傘下。

懷亞又說，到一七六〇年代，「阿瑜陀耶出現一場嚴重的勞工荒」。[21]同時，無能的厄伽陀（Ekkathat）奪得王位，結束了又一場曠日持久的內部鬥爭。根據伍德的說法：

這位新王……既愚且頑。在他死後僅僅二十二年，已經有人寫書說他「盲目無知、意志不堅，見到罪惡就害怕，完全疏忽身為國君的職守，既不敢行善也不敢為惡」。簡言之，他完成不能勝任領導國家通過危機的重責大任，終於導致國破家亡。

伍德又說，厄伽陀「一心一意只知道壓迫……進行內鬥」，「從不思考跨邊界而來的危險」。[22]根據泰國的史料，在緬甸軍終於突破城牆，放火破壞皇城之後，厄伽陀乘一條小船逃亡；十天以後，完全沒有謀生技能的他餓死在附近一座森林裡。緬甸的戰史另有一套說法，說厄伽陀王在逃命時在西城門附近遭射殺。無論這位阿瑜陀耶王朝末代君王的死亡真相如何，立國四百一十六年的阿瑜陀耶王國，由於持續不斷的王位繼承衝突與領導無能，終於走入歷史塵煙。

第八章

「無論走路、說話、吃、喝，或烹飪，做任何事都得有儀式的人」

——身為國王的樂趣與無奈

一六三六年十二月十日，由於一次野餐惹出來的大亂子，十幾個喝醉了的荷蘭人在阿瑜陀耶遭宮廷當局拘捕。這些荷蘭人都是荷蘭貿易站員工，他們當天乘一艘小船從阿瑜陀耶沿河而上，前往不遠處一座重要的寺廟，船上還載著食物與酒。當時擔任荷蘭駐阿瑜陀耶貿易站代理站長的傑洛米・范萊特（Jeremias Van Vliet）在一篇關於這次事件的正式報告中說，「這原本歡樂的一天，最後卻以大悲收場，因為在日落以前，所有參與這次餐會的人都陷於性命不保的危險。」事情過程是這樣的：由於寺廟內的和尚不讓這群找樂子的荷蘭人在寺廟邊野餐，荷蘭人與和尚發生口角，之後其中幾名荷蘭人在附近鄉間大發酒瘋，侮辱、毆打當地居民，被毆的有幾名是屬於國王弟弟的奴隸。身為奴隸主人的這位王子於是大怒，下令將這一群荷蘭人全數逮捕。第二天上午，國王巴沙通（Prasart Thong）在聽說這件事以後，派出衛隊把這群荷蘭人剝去衣服，赤身裸體捆上手腳，把他們拖進他的王宮。國王於是宣布，要用大象將這群荷蘭人踩死。數以千計民眾湧來圍觀行刑。這件事急壞了范萊特。他忙著聯繫有影響力的官員，賄賂他們，求他們說項，拯救這群荷蘭人。巴沙通最後同意免他們死罪，但仍然把他們下在牢裡，並且採取嚴厲措施限制荷蘭人能進行的貿易。此外，范萊特必須簽一份文件，親身為荷蘭人士的行為作保，還得在國王面前匍匐爬行、穿越王宮，以示歉意。[1]

爪哇荷蘭當局在獲悉這次事件以後，對范萊特竟同意在阿瑜陀耶王面前如此卑躬屈膝憤怒不已，他們認為范萊特這麼做太傷荷蘭的尊嚴。荷蘭當局於是把范萊特召回巴達維亞（Batavia），要他做解釋。范萊特在等候當局對自己的處分時，鉅細靡遺地寫了一篇關於阿瑜陀耶王國的報告。在所有現存文獻當中，這篇報告是針對早期泰國所作最詳細、最有用的紀錄之一。而且最重要的是，它對巴沙通的恐怖統治尤其描述得淋漓盡致。巴沙通在一六二九年篡位、登基以後，為證明自己統治的合法性，為去除自己本非皇親貴冑、只靠篡位而奪權的出身，無所不用其極。范萊特在這篇報告中說，阿瑜陀耶是個恐怖、可怕的王國，國王巴沙通生性殘暴，喜怒無常，他經常醉酒，身邊都是心懷不軌的顯貴，即所謂的「滿大人」（mandarins）。范萊特在報告中寫道，「沒有人膽敢反對國王或抗拒他的傲慢」，王室禁忌嚴苛異常，儀式化的暴力多得不勝枚舉，例如皇家建築物在奠基時必須殺孕婦做為犧牲，讓這些孕婦死後成為強有力的保護精靈：

> 對國王陛下的恐懼大得無以復加，無論任何人，縱然再有權勢也不敢在公開場合直呼他的名諱，不敢談到他的頭或他的王冠，就算談的是重要事務也不例外。一旦必須談到他，或必須提到他的名諱時，人們會湊近對方耳朵，畢恭畢敬地小聲說出這幾個字。臣民對國王陛下的崇拜，比對神的崇拜猶有過之。
>
> 憑藉篡位奪來的權力，也憑藉臣民不斷的歌功頌德，泰王的地位高不可攀，彷彿他的在位為的不是國民福祉，彷彿整個國家與人民所以存在，只為供他一人享樂一般。泰王從不把臣民當一回事，如果他們想為自己建王宮、建佛塔或建行宮，在施工過程中，每一根插入地

基的木樁都要殺一個孕婦為祭，而且孕婦的產期越接近越好。基於這個理由，每當國王動工建王宮、建佛塔，或進行修繕時……百姓非常痛苦。因為在暹羅，所有的房子都建在高出地面一定的高度上，而且都靠木樁撐高，許多婦女就這樣慘遭犧牲。儘管這聽起來匪夷所思，但這類處決千真萬確。

泰人非常迷信，相信這些婦女死後會變成可怕的怪物或厲鬼，不僅會保護讓她們送命的那根木樁，還會保護整棟房子免遭厄運侵襲。國王通常會派遣一些奴隸，令他們不分青紅皂白，看見孕婦就抓。不過除非在街上找不到孕婦，否則他們不會擅闖民宅尋找孕婦。他們把這些孕婦帶到王后跟前，王后會以對待名門貴婦之禮對待她們。她們在王后身邊停留幾天以後，就被（請原諒我這裡慘絕人寰的描述）丟進坑裡，肚皮朝上。之後，木樁穿過肚皮直貫入土。

報告中另有一段談到，由於國王認為殺了她們，能為他在征討北大年王國的軍事行動中帶來好運，四名少婦因此冤死：

國王在出宮時宣誓，要將他在旅途上首先遇到的四名少婦殺了祭神，用她們的血肉塗在他的車上。他果然這麼做了；國王陛下還沒出城，就遇到四個坐在小船裡的年輕女孩，他就將她們殺了，完成他的誓言。

那些高級「滿大人」都是一群貪婪、腐敗、迷戀權位之徒，他們在國君恐怖血腥的統治陰影下，無時無刻不提心吊膽地活著。在這種環境下，最高級的「滿大人」處境尤其艱難、驚險。平民百姓的生活更加悽苦：

沒有人敢對國王的決定表示不滿，因為這麼做會讓自己地位、甚至性命不保。但國王的恩寵並不可靠。只要稍有差池，甚至是「莫須有」之罪，也能讓高官顯爵頃刻遭貶，從大人物淪為草民賤人。所有的臣民實際上都是國王的奴隸，所謂官職爵位都不過虛有其名，即使最大的官爵也不例外，因為只有國王陛下才是真正的主人，只有他大權在握，王國內一切臣民的生命與財產都是他的……

靠奪權篡位起家的國王，疑心病非常嚴重，也因此所有滿大人（特別是最有影響力、有封土與高位的）都像奴隸一樣卑躬屈膝……當上滿大人以後，過去的一切自由都被剝奪。只有在公共集會場合，只有當著眾人面前、而且眾人（甚至包括奴隸）都能聽見他們在說些什麼的情況下，滿大人才可以彼此交談。膽敢違反這規定的滿大人，身家性命將陷於險境。事先沒有向國王上報並經國王許可，做父親的不可以見自己的孩子，孩子也不能見父親，就算重病或死亡也不例外……

儘管這些滿大人大體上在國王面前都必須像奴才一樣，表現得忠心耿耿，但他們也都非常傲慢、自大、目中無人，特別對於國王賜給他們的職銜、爵位與榮寵，他們尤其計較非常。是的，他們每一個人都要別人服侍他、崇拜他、畏懼他，就好像他是一位活在世上的神一樣。對於他們家裡的人以及他們的奴隸，他們一般都有生殺大權。儘管他們大多數時間得像奴隸一樣活著，但他們得保有一定的排場，任何人來到他們跟前，必須躬身，必須交疊雙手，必須按照禮儀先向他們歌功頌德一番。此外，在他們的小妾與奴隸面前，他們還像暴君一樣為所欲為。他們可以只為一點芝麻蒜皮，就以兇殘的手法將小妾與奴隸處死或下獄。儘管如此作惡多端，他們卻可以輕鬆把一切責任推給國王。一旦遭良心譴責，他們還可以把罪責加在犧牲品身上，只是那可憐的犧牲品早已陷身血泊，縱想為自己申辯也有所不能。在他們自己的家裡與街上，這些滿大人活在臣民簇擁中，尊貴得活像小王，但一旦進了宮廷，他們不過是奴隸而已。[2]

根據這篇報告，巴沙通還是一個色中餓鬼，喜歡染指精英的妻女。范萊特寫道，「最大的滿大人的妻子（如果健康而且美貌）不可以在王后的宮廷外逗留三或四天以上。她們被帶進宮裡，表面的理由是她們必須晉見國王。有時國王陛下會親自挑選大官們最美麗的妻女，讓這些女人成為他的嬪妃。」[3]同一段期間，另有一些紀錄談到巴沙通下令屠殺兩千九百名貴族與大官要員，表面上的理由是他懷疑自己的一個女兒遭到下毒。[4]伍德說，巴沙通是個「屠夫」，又說「他的整個統治就是一連串的謀殺」。[5]

對於幾世紀以來歷經風風雨雨的泰國統治階級而言，最揮之不去的夢魘，莫過於像巴沙通這樣無法控制的暴君當政。一旦出現一個無法無天、難以控制的國王，就算是掌權好幾代、累積巨量財富與權勢、最有影響力的貴族世家也可能毀於一旦。基於這個理由，既得利益集團總是想辦法為國王的權勢設限，讓國王無力威脅他們。泰王也因此經常面對一種矛盾：目的在向平民百姓誇耀王室權力與尊榮的排場與儀式，同時也有限制王權、掩蓋真相的作用：在大部分時間，國王其實是統治階級的傀儡，而不是他們的主人。

根據歐洲人的記述，在十七世紀之後主政的那萊王是個非常孤立、被儀式束縛得很嚴重的國王。這並不意外。宮廷的規矩與法律對精英有利，因為根據這些禮俗規定，國王只能接近最有權勢的貴族，這麼做能防止國王權勢過於膨脹。如果國王遵守這些法規——而不是像巴沙通一樣任意胡作非為——貴族世家可以保衛他們的權力，不讓新崛起的對手派系接近國王。法國的尼古拉·吉懷斯（Nicolas Gervaise）在一六八八年發表的一篇文章中談到那萊王一絲不苟、循規蹈矩的生活。那萊王遵循的，大體上是扎洛王在兩百年前訂定的法典：

> 他每天早上七點準時起床；由內侍為他梳洗更衣，然後開始禮佛。在用完早餐後，他前往內廷接見大臣，在內廷停留到中午。之後他進午餐，餐後更衣梳洗，在音樂聲中入睡，於

下午四時由內侍叫醒。替他讀書的人於是來到，為他讀歷史，有時一讀就是三、四個小時。如果身在京城，除非是國家大典，否則他只在皇家花園散步，不會外出。有時他會造訪宮廷仕女，與她們共處到晚上八點；又到了接見大臣的時間。他會與他們討論到午夜，然後用晚餐（如果還沒有用餐的話），之後就寢。

任何想與國王對話的人，都必須遵守一套精密複雜的禮儀。吉懷斯寫道，身為國王，「無論走路、說話、吃、喝，或烹飪，做任何事都得有儀式。」由於宮廷法的限制，國王甚至無法與他的大多數臣民交談：

國王不可以與市井小民或農民交談，若與他們交談，就必須將他們封為貴族，這樣的限制一定讓國王非常難受。但一旦國王想讓臣民覲見，對臣民而言也是苦不堪言，因為他們首先必須做到一定的禮數，才能覲見國王。[6]

就算非上流社會貴族階層人士好不容易獲得覲見，對國王說話必須使用「敬語」的規定，又形成一道溝通障礙。卡里奇．威爾斯曾指出，「宮廷語言是……維護國王與臣民間那道鴻溝的有效手段。」[7]

在這種環境下，國王沉溺於後宮脂粉堆中，或愛打獵或愛打仗，自然不足為奇。若非如此，日子簡直過不下去。根據古印度教傳統而訂的皇家後宮，對精英而言是一項重要制度：精英靠後宮建立他們與宮廷的聯繫，也寄望後宮能保證他們崇高的地位。巴沙通在位時那些貪色的惡形惡狀是違背傳統的，依照規定俗成的禮節，貴胄之家與高官應該把女兒做為贈禮，獻給國王，建立塔瑪拉・盧斯（Tamara Loos）所謂「國王與權貴集團之間具體而持續的血緣、溝通與忠誠關係」：

> 權貴精英把他們的女眷獻給國王，以表白他們效忠國王的意願。就這樣，這些女眷為她們的家族帶來一個機會，讓她們的家族與王室建立、鞏固一種持久的血緣關係。[8]

後宮據有內廷大片地區。裡面住了好幾百名婦女，唯一可以進入後宮的男性只有國王以及他未成年的兒子。瑪麗・露絲・葛洛（Mary Louise Grow）說，這讓內廷有一種「彷彿天上人間一般」的神祕氛圍。[9]《昆昌昆平唱本》中有一段描述後宮與令人豔羨的生活方式：

> 國王皇上，阿瑜陀耶統治者，偉大的天，就住在這閃閃發光、嬪妃雲集的水晶宮裡。生活在這裡的仕女無不青春美貌、風情萬種，她們都是彷彿畫中的人物，服侍著睡在金鑾殿的王。
>
> 當曙光初露，他從夢鄉醒轉，前往玫瑰花鬱鬱發香的池中洗一個清涼浴。然後穿上華服，左手握一柄鑲鑽的寶刀前往覲見大廳，坐在耀眼生輝的水晶寶座上，高官與皇家詩人環

繞在他身周。[10]

除了建立王朝與貴族間的血緣關係以外，後宮還能占據國王許多時間，讓國王無心治事，以利貴族悄悄鞏固權力，將王室的干預降至最低限。卡里奇．威爾斯以相當不以為然的筆調指出，「這一切事實上幾乎完全取決於個別國王的個性。有定見的統治者……會了解後宮是他的國家的一處神聖機構，因此不大可能耽溺於肉慾女色，但歷史告訴我們，許多個性較軟弱的君王經不起這樣的誘惑。」[11]

一旦碰到難以駕馭的國王，統治階級會不斷密謀推翻國王。在阿瑜陀耶覆滅以後稱王的他辛，由於在面對沒有遭緬甸人屠殺、奴役的舊貴族時，做得不夠卑躬屈膝，而直接導致他被推翻與處決的後果。在他垮台以後，卻克里王朝崛起。拉瑪一世主政以後有一些創舉，包括王位繼承規則的改變——他設立一個由資深親王與貴族組成的登基會議，希望透過共識、而不以流血暴力手段解決繼承爭議。造王者的影響力就此制式化。貴冑家族的勢力也因此重建。帕蘇（Pasuk）與貝克針對這一點有以下解釋：

在一七六七年覆國慘劇中倖存的大家族，特別是少數與卻克里家族有個人關係的家族在這個新紀元中迅速崛起。另有幾個新家族因戰功崛起，填補戰時被殺或沒落的貴族遺下的空缺。中央政府要職為十幾個大家族壟斷。他們彼此通婚，也與卻克里家族通婚。他們參與商務經濟的復甦。王室對他們言聽計從。其中有些家族權勢之隆幾不下於王室本身。[12]

但家族傾軋與繼承鬥爭仍然無法遏止。在拉瑪一世與拉瑪二世在位期間，幾十個人因陰謀篡位而遭處決。拉瑪二世在一八二四年死後的繼承爭議尤其激烈。根據嫡長子承繼大寶的規矩，王室中只有一個王子有權繼位，就是拉瑪二世的十九歲兒子蒙固。但貴冑家族──特別是邦納家族──支持由拉瑪二世三十七歲的長子繼位。這位長子的母親是妾，而不是王后。結果可想而知，制度被拋在一邊，精英屬意的候選人當了國王。在拉瑪三世在位二十七年間，蒙固為求保命，一直躲在廟裡當和尚。拉瑪三世死了以後，繼承問題再次引發爭議，不過這一次蒙固獲得貴族支持，終於繼位成為拉瑪四世。

儘管在泰國史上是一位著名人物，蒙固其實相當軟弱，暹羅王的矛盾在他身上顯露無遺。誠如歷史學者庫拉達・奇邦楚・米德（Kullada Kesboncho Mead）所說，「他在位期間，一直就是大貴族的代理人。」[13] 他是一位虛位元首，生活儘管華奢卻很孤獨。他因此難免沉醉於後宮。他當過多年和尚，過著禁慾生活，直到四十六歲登基為王，在位十七年間與三十五個女人生了八十二個孩子。

朱拉隆功在成為拉瑪五世的時候，權力甚至還不如他的父親。貴族在擁他的同時還選立一位與他對立的副王。兩人之間的緊張情勢導致一八七四年十二月的「正宮危機」（Front Palace crisis）。正宮危機顯然是這副王與他的支持者發動的一次篡位行動。但事實證明朱拉隆功遠比那些執政寡頭想像的堅強得多。他是又一位有進取心的中央集權國王。他於在位期間推動多項改革，不僅為了阻止英國的直接殖民化，也為了打破精英舊勢力、伸張宮廷王權。如庫拉達所說，他「從大貴族手中奪得越來越多財稅收入的控制權，是十九世紀下半期建國運動的主要人物。」[14]在副王死後，朱拉隆功還廢止副王一職，設王儲取而代之。這是規範王位繼承問題的又一項嘗試。諾爾・巴泰（Noel Battye）說，王儲制的建立可以防止「親王的爭奪、大臣的操縱以及外國的干預」。[15]

朱拉隆功的改革大幅改變了泰國精英的組成面貌，但阻止不了王位繼承之爭的沉痾。他的兒子拉瑪六世哇栖拉兀在一九二四年進一步修訂十五世紀的宮廷法。這次修法表面上的目的在於，澄清由於朱拉隆功與多位王后生了一大堆王子而造成的模糊不清。但真正的原因是，哇栖拉兀厭惡他同父異母的兄弟玻里帕（Paribatra，諸王子中年齡最長），想讓與自己同父、同母的兄弟（他們的母后比玻里帕的母后資深）更有可能繼承王位。在哇栖拉兀於翌年去世後，由於他在法規上動了這番手腳，朱拉隆功七十七個兒子中年紀第二小、毫無威望的巴差提步繼位，成為拉瑪七世。巴差提步從沒想過自己會成為國王，知道自己要當國王以後，他嚇得想把王位傳給玻里帕。[16]他的讓位遭到斷拒，但在巴差提步在位期間，年長的幾位親王一直支配著朝政。

巴差提步對於王位繼承問題的錯綜糾葛很是不滿，提出民主改革要求。在泰國精英為表示他們符合西方「文明」標準的情況下，王室結束一夫多妻制。如此一來，可以繼承王位的可能人選數量驟減，無能或荒唐之輩繼位的風險增加。巴差提步在一九二六年一封寫給美國顧問法蘭西斯・沙耶爾（Francis Sayre）的信中就曾指出：

你一定很清楚，國王在一切事務上都享有絕對權力。只要我們有一位好國王，這原則非常好，非常適合這個國家。如果國王真是一位民選的國王，他很可能會是一位相當好的國王。

但國王民選實在是一種理論性構想。暹羅的王原本就是世襲的，選擇空間非常有限。在這種情況下，我們完全無法確定能不能有一位好王。絕對王權可能對國家形成一大危險。

此外……在過去，國王的行動幾乎無人膽敢質疑……臣民對國王非常景仰，他的話事實上就是法律……在剛結束的上一任國王統治期間，事情更加惡化……每一位官員或多或少都涉及貪污或搞裙帶關係。所幸親王們還很誠懇公正，為人民敬重。讓人非常遺憾的是，在先王在位的最後幾年，宮廷遭人痛恨，幾乎淪為人們笑柄。新聞自由的誕生使問題更加惡化。

國王的處境變得非常困難。民意之趨向明白顯示，獨裁統治的日子已經屈指可數了。如果想讓這個王朝持續不墜，就得進一步確保國王的地位。必須建立若干保證，以免出現昏君。[17]

巴差提步沒有子女，他在一九三五年宣布讓位時也拒絕任命繼承人。在這個時候，新精英階級——軍方以及一九三二年的文人革命家——已經崛起，但政治情勢就像整個泰國歷史的政情一樣，毫無改變。泰國新統治者要的是一位他們可以控制、可以讓他們合法統治的國王。巴差提步這一脈已經沒有嫡出「天的王子」，如果要遵守王位繼承法，就得迎回流亡在爪哇的玻里帕繼承王位。繼承第二順位是十二歲的王子瓦拉南達（Varananda），瓦拉南達是巴差提步的養子，與巴差提步一起住在英格蘭。這兩名候選人都無法為政府接受，所以就像過去一樣，精英們將繼承法拋在一邊，將年僅九歲的阿南達．瑪希敦迎上寶座，是為拉瑪八世。阿南達與王朝的淵源極度薄弱，但他身在國外，是個與王室網絡不沾邊的王子，這正是統治精英們需求的。

當阿南達突然死於非命並導致蒲美蓬登基時，王位繼承似乎直截了當，沒有人質疑——這在泰國史上是一種異象。不過這是一種幻覺。蒲美蓬即位以後，家族祕密黑幕、宮廷衝突與繼承鬥爭的事件一直不曾間斷。想了解泰國在二十一世紀的危機，就得先探討這些事件。

第九章

「我沒有死的本錢」

——

蒲美蓬國王的悲劇

如果蒲美蓬與他母親桑文說出阿南達之死的真相，他永遠也當不了泰國國王。在槍擊事件發生數週之後，政府已經開始發現強有力的證據，證明拉瑪八世並沒有像他們先前猜想的那樣舉槍自盡。事實是，蒲美蓬在與他哥哥玩耍時，很可能在不知道那把點四五手槍已經上膛的情況下，無意間扣了扳機，射穿了哥哥的腦袋。[1]如果蒲美蓬與桑文說出實情，激進尊王派領導人玻里帕的兒子朱巴（Chumbhot）王子將繼位為王（玻里帕已於一九四四年在流亡爪哇時死亡）。

即使在了解真相之後，比里·帕依榮的政府仍然力圖掩蓋真相。因為由一位軟弱的國君登基最適合他們的利益；由比較果斷的朱巴為王，會讓他們提心吊膽得多。保王派與鑾披汶的軍方也串通一氣，扭曲真相，圖謀以弒君罪抹黑比里，為他們的一九四七年政變找藉口。但保王派在與軍方聯手、推翻比里以後，對蒲美蓬越來越不滿意。他們需要一位堅強有力、能為保王運動爭取支持的國王。蒲美蓬憂柔寡斷，躲在洛桑，備受煎熬，鬱鬱寡歡。保王派的民主黨領導人在一九四八年訂了一項計劃，準備揭露蒲美蓬槍殺乃兄的真相，以迫他退位。[2]另一方面，鑾披汶的軍方也像比里的進步主義派一樣，正因為看上蒲美蓬的軟弱以及無力為害的表象，而力圖保住蒲美蓬的王位。羅傑·克蕭（Roger Kershaw）指出，他們可以用蒲美蓬殺害阿南達的爆炸性祕密控制蒲美蓬就範，用它「要脅」蒲美蓬。[3]鑾披汶發現保王派意圖推翻蒲美蓬、擁立朱巴為王，於是先下手為強，把民主黨趕下台，並於一九四八年奪權。同時，當局開始上演審判兩名宮廷內侍與一名前皇家祕書的鬧劇，說他們在比里授意下殺害阿南達。就像泰國史上層出不窮的事件一樣，這次事件過程也如e出一轍：主控權力的精英派系想保住一名軟弱無能的國王，讓他繼續在位，反對派系則計劃推翻這名國王，擁立另一名對他們較有利的人。

蒲美蓬終於在一九五一年返回泰國，正式登基為王，但泰國軍事統治者對這位新王根本不加搭理。他事後告訴《紐約時報》：「每當我開口想表示意見時，他們就會說，『國王陛下，你什麼都不知道。』於是我閉上嘴。我知道許多事，但我閉上嘴。他們不讓我說話，所以我不說話。」[4]高卡·蘇文納—潘寫道，這段時期的蒲美蓬是「有名無實的統治者」，他只是一個「虛位元首，職責就是參與各式宗教與傳統儀式與典禮，扮演國家象徵」。[5]在與軍事執政團發生爭議時，蒲美蓬也曾揚言讓位，以伸張他的影響力，但軍事執政團也拿出他們自己的利器以對：敢不聽話，就揭發他弒兄之罪。在一九四六年槍擊事件過後，蒲美蓬不願繼續住在大皇宮，遂以吉拉達宮為他在曼谷的住所，而且每年都會在華欣的忘憂宮消磨好幾個月。他對居所的選擇，突顯了王室的軟弱——大皇宮裡沒有主政的國王。一九五二年七月，詩麗吉生了一個兒子，這是王室自朱拉隆功統治以來出現的第一個「天之王子」。他取了一個了不起的名字，叫哇集拉隆功，即「擁有雷霆之人」之意，但他似乎註定只能承繼一個沒有實權的王位。

自一九四八年展開的弒君案，拖拖沓沓審訊了三次，三名代罪羔羊終於在一九五五年在警察總長砲·希阿旺監督下處決。鑾披汶因為想利用弒君案制衡保王派，一直不希望這案子結案，因此在三名被告被處死刑以後，曾三度請求皇家赦免。蒲美蓬拒絕了這些請求。[6]《時代雜誌》描述了行刑過程，並且指出許多人認為這案子根本沒有解決：

在上週一個早晨的五點鐘，三名死刑犯在每人喝了一瓶柳橙汁以後，被帶進邦廣監獄（Bangkwang Prison）刑場。三人都遵照傳統佛教禮拜習俗雙手合十，綁在一根豎樁上。獄警在每一名人犯高舉的手上放了一支禮拜用的蠟燭，幾支香，還有一個粉紅色暹羅蘭花織成的小花環。之後，一張深藍色的幕在每一名人犯身後墜下，劊子手開始用機槍射擊……行刑終於結束，刑場也清乾淨了。只有一個問題還沒有答案：誰殺了阿南達王？[7]

至少就表面來看，殺人者已經償命——蒲美蓬可以繼續隱瞞他的罪愆，只是害了三條無辜的人命。克蕭認為，蒲美蓬也別無選擇：「在處決無辜者這件事情上，蒲美蓬或許有他不得已的理由，因為當時他已經運用皇家特權，在使政變合法化的一九五一、五二年憲法問題上試圖制衡軍方派系，他的處境已經非常困難。」[8]事實上，蒲美蓬如果願意，當然可以拯救這三名無辜者的性命。但他選擇不救。這項祕密直到今天仍是泰國王室的夢魇。

處決了三人以後，蒲美蓬的地位比較穩固，在沙立．他那叨一九五七年政變過後，他由於與陸軍結盟，逐漸開始重建宮廷影響力。王室資產管理局在越來越富有的情況下，用商業交易與投資將王室、舊保王派勢力、華裔資本家精英，以及軍方結合在一起，讓這個新聯盟的勢力不斷坐大。王室資產管理局整合統治階級中各不相干的要件，扮演的角色與過去幾世紀的後宮驚人類似。商業關係取代了過去的血緣關係，但基本原則仍然不變。王室成員、舊貴族、商界大亨，以及軍方精英之間的通婚，在鞏固這種寡頭統治的過程中也繼續扮演重要角色。

但儘管經濟與裙帶關係將統治階級交織在一起，就像過去一樣，精英內部的衝突與傾軋仍是造成泰國政治高度動盪的重要因素。甚至連蒲美蓬自家也出現激烈衝突與鬥爭，到一九七〇年代，國王與王后之間已經鬧得很僵。這些衝突的焦點主要是哇集拉隆功。哇集拉隆功長大以後，蒲美蓬對他這個兒子的個性與行為越來越失望，但詩麗吉非常溺愛這孩子。韓德利說，到一九七〇年代之初，哇集拉隆功「已經長成一個讓人無法恭維的青年，絲毫不具備他父母的那種智慧、魅力、好奇心或外交技巧」，他「視助理如同無物，視女子如同玩物，只知用他的權力讓她們陪他睡覺。」[9]一九七二年，當他二十歲的時候，哇集拉隆功正式獲冊封為王儲。但他在泰國百姓的名聲已經很壞，百姓在私下談話中無不對他冷嘲熱諷。而他的妹妹詩琳通公主卻和藹可親、平易近人，深獲泰國百姓景仰。

對於宮廷應該扮演什麼政治角色的問題，蒲美蓬與詩麗吉意見也不合。兩人都是精英統治的信徒，也都認為王室應該發揮政治影響力，但蒲美蓬主張採取比較諧和而委婉的作法，而詩麗吉則力主以鐵腕鎮壓他們認定的敵人。詩麗吉相信她是十六世紀王后素麗瑤泰（Suriyothai）轉世，根據泰國民間傳說，素麗瑤泰曾為保衛她的丈夫與拯救阿瑜陀耶而化妝成男人，騎著大象馳赴戰場。半官方皇家立傳人威廉．史蒂芬森寫道：

詩麗吉相信她的前世是一位帶兵打仗的女王，直到今天她仍然不時做著這樣的夢。她有自己的謀士為她參詳意見，這些人會告訴她各式各樣有關圖謀她先生的陰謀。她用紙板做靶練槍，還毫不隱藏地說，佛祖也同意殺妖伏魔。她用槍靶代表現世敵人……照片中的她，將一頭秀髮綁在腦後，倚在沙袋上，纖長的手指扶著步槍槍托，鉤在扳機上。她看起來活像那位神話中頭纏白緞帶出戰的暹羅女王。[10]

國王婚姻的不和以及民間普遍對哇集拉隆功的鄙夷，造成一九七〇年代中期泰國政情的動盪，引爆一九七六年十月的暴力事件。法政大學屠殺事件的藉口，是學生兩天以前在校園演的一場戲，報紙在頭版刊出戲中一幕吊死人的照片，右派人士說這幕戲影射的是處決王儲，但有關劇組人員一直否認這說法。[11]不論真相如何，極右派以此為藉口大開殺戒，終於造成震驚全球的暴力事件。泰國人對哇集拉隆功更恐懼、更痛恨了。

泰國歷史上暴君犯下的種種惡行惡狀歷歷在目，加以根據傳統說法，世界已經走到黑暗時代的邊緣（即kaliyug），這一切都讓泰國百姓對哇集拉隆功有一天可能成為國王的前景恐懼萬分。許多泰國人相信，哇集拉隆功一旦主政，世界末日也將降臨。一項古老的預言——卻克里王朝經歷九朝就會崩潰——也將泰國全境搞得人心惶惶。經過保王派二十年鋪天蓋地的宣傳，泰國人一般認為王室的敗亡將為國家帶來大難。統治精英特別有理由不滿哇集拉隆功：蒲美蓬大體而言身段柔軟，精英們相信他會保護他們的利益，會維護王室那種神聖氛圍，但這位王儲暴躁善變，好勇鬥狠，與乃父大不相同。他們害怕有一天他登基以後，會像巴沙通一樣蠻橫殘暴，一旦誰霉運當頭觸怒了他，聚斂了好幾代的財富與權力都將毀於一旦。哇集拉隆功喜歡染指他們女兒的習性更讓他們又羞又怒。哇集拉隆功喜歡召喚美貌名門閨秀進宮的傳聞，在泰國已經惡名昭彰。真相究竟有多離譜外人不得而知，但精英為此焦慮、憤怒異常是不爭之實，許多人因此將女兒送往外國留學以免惹他垂涎。

王后詩麗吉為了讓她這一系成為王室主幹，而向哇集拉隆功施壓，迫使他於一九七七年一月娶了宋詩哇麗（Soamsawali）。宋詩哇麗出身詩麗吉一系，是哇集拉隆功的表妹。這個婚姻搞得一塌糊塗。此外，王儲經常在眾目睽睽之下，與搞犯罪集團起家的大老闆、政客與商人同進同出。泰國人開始為嘲諷他，給了他一個匪號，叫做「Sia-O」，這是將一個華裔泰國黑幫的名稱，與哇集拉隆功皇家封號的第六音節聯合在一起的稱號。蒲美蓬眼見兒子行徑如此惡劣，遂在沮喪之餘，於一九七七年十二月將詩琳通公主也加封為可能的王位繼承人。官方表示，這麼做只是一種預防措施，以備萬一哇集拉隆功遭遇不測，對哇集拉隆功的王儲地位並無任何影響。但此舉為王位繼承問題帶來重大疑惑，而且疑惑至今不消。泰國全境開始出現支持詩琳通繼位為王的呼聲，而且表白得異常露骨。儘管王位繼承法明文規定，只有男性才能繼承大寶，但泰國憲法已經列出規定，表明女性也可以成為王位繼承人，明白顯示許多精英也開始支持詩琳通繼位。到一九八〇年代，哇集拉隆功與泰國大多數當權人士之間已經誓不兩立，當權派希望蒲美蓬能盡可能在位，一旦蒲美蓬去世，他們會以壓倒性多數支持詩琳通繼位。

在一九七八年，哇集拉隆功拋棄下王儲妃，與名叫玉哇西達・發普拉瑟（Yuwathida Pholprasert）的夜總會女主持兼著名演員住在一起。宋詩哇麗在一九七八年年底為哇集拉隆功生了一個女兒，玉哇西達則於一九七九年生了一個兒子，這是哇集拉隆功的第一個男性繼承人。王后詩麗吉仍然堅決支持她這個兒子，但在一九八一年利用一次美國之行，在旅途中公開指斥哇集拉隆功耽溺女色。她在德州舉行的一次記者會中說：

> 我那身為王儲的兒子有些唐璜（Don Juan）的毛病。他是個好學生，是個好孩子，問題是女人喜歡他，而他更喜歡女人……如果泰國人民不贊同我的兒子的行為，則他必須改變行為，否則就得退出王室。[12]

但在一九八〇年代，王后自己的行徑使危機更形惡化。她自稱是王宮的主人，她鋒芒畢露的政治作為也讓不滿她的聲浪越來越高。《時代雜誌》報導，「王后，與跟在她身邊的一群將領以及幾名文職顧問，已經透過沒有國王參與的例行餐會，在實質上治理著今天的泰國。」[13]同時，詩麗吉與她的一名軍事助理納隆迪・南達—法西迪（Narongdej Nandha-phothidej）的公開打情罵俏，讓統治精英甚感難堪，終於在一九八四年把納隆迪送到美國當武官。一九八五年五月，納隆迪在一場網球賽之後猝死。官方解釋是，這位三十八歲的上校死於心臟病突發，但許多泰國人，包括詩麗吉在內，懷疑真正內幕黑暗得多。詩麗吉毫不掩飾她對上校之死的哀傷，到一九八五年年底，她因過於哀慟情緒崩潰，有好幾個月沒有公開露面。[14]有關這件事的閒言耳語開始不斷升溫，為安撫民眾的焦慮，蒲美蓬夫婦最小的女兒朱拉蓬（Chulabhorn）公主於是出面接受電視訪問：

> 我們大家都為國王陛下工作，因為我們對他忠心耿耿。我們家裡沒有一個人為自己爭名望。每個人都參與這項工作，而且是像團隊一樣、群策群力……但總有人說我們家人劃分為兩派，這完全不實。[15]

事實上這一切再真實不過。皇家已經分裂，蒲美蓬與詩麗吉的婚姻在實質上已經貌合神離。兩人在之後二十年一直分居，一個以詩麗吉為中心、由極右派政界人物組成、通宵達旦狂歡飲宴的分裂宮廷已經成形。

在婚姻瓦解以後，蒲美蓬於一九八六年他五十九歲生日當天，做了一項震驚全國的暗示，說他很快就要讓位給哇集拉隆功。像過去一樣，他以水為喻（水在泰國王權理論中一直具有核心象徵意義），用拐彎抹角的方式暗示他的意旨：

湄南河的水一定是往前流的，而流逝的水也一定由隨後而至的水取而代之。我們在有生之年，做的不過是我們的職責罷了。一旦我們退休，總有其他人取代我們……

一個人不可能永遠只做一件事。有一天我們總會老，會死。

宮廷官員證實，蒲美蓬計劃在他滿六十歲——以佛教說法，就是第五輪的生日——並且在一九八八年七月一個重要的週年紀念（他在這一天成為泰國歷史上在位最久的國王）以後退休，隱入一家寺院。蒲美蓬半官方發言人通諾・通艾（Tongnoi Tongyai）對蒲美蓬一旦退休以後的景象，有以下描述：

如果所謂退位的意思，就是放棄他的責任、不問世事，國王永遠不會退位……一旦有一天國王陛下認為王儲已經比較成熟，能夠接管一切皇家功能，他或許會進入一家修道院……那並不表示他就此出家當和尚。重要的是，他會繼續留在那裡，隱身王位之後，幫他的兒子解決任何問題。[16]

一九八七年九月，哇集拉隆功奉派前往日本，進行國是訪問。這是哇集拉隆功的一次機會，讓他證明他已經擁有擔當國王的成熟與穩重。但在這麼重要的節骨眼上，哇集拉隆功卻把事情搞得一塌糊塗。他因為認為自己遭到幾次侮辱而怒不可遏。《紐約時報》對這些事件有以下報導：

一名負責接送這位泰國王子的日本司機，很顯然把車停在高速公路收費站，自行下車方便——根據日本官員的說法，當時這司機身體不支，需要換人開車。還有幾次的狀況是，據說日本當局讓王儲坐在一張不適當的椅子上，還讓他不得不彎腰從地上撿起一條纜繩，好為一個紀念碑揭幕。王儲較預定行程提前三天返國，留下一場外交危機。[17]

從維護王權的長遠角度來看，蒲美蓬計劃的退位並非沒有道理，但許多當權派因此恐慌不已。素坤潘．玻里帕（Sukhumband Paribatra）親王，憑藉他身為王室元老、比較不擔心遭到整肅的身分，首先公開表白精英對蒲美蓬退位的恐懼。素坤潘在《遠東經濟評論》（*Far Eastern Economic Review*）一九八八年一月刊出的一篇報導中解釋當權派的憂慮如下：

有鑒於王室在泰國政治與經濟發展過程中扮演的角色，以及它在民眾心目中的地位，任何有關王室前途的不確定，都會導致極大焦慮。王儲是否有能力像他父親一樣，贏得人民與國內重要政治團體強烈的政治忠誠，已經引起疑慮，這些疑慮過去大多只在私下表達，但現在表達的方式已經越來越公開。王儲是否能像他父親一樣，在政治上扮演微妙、排難解紛的角色，也讓人持續感到懷疑。[18]

其他重要人物，特別是普瑞姆，也在幕後積極設法，希望破壞這項接班計劃。沒隔多久，宮廷官員放話說蒲美蓬根本不會退位。但理由何在一直未經說明。至少就目前而言，統治階級不讓哇集拉隆功接班的手法果然成功。

這說明泰國真正的權力握在誰手裡——蒲美蓬在表面上雖備受尊崇，但他不受精英拘束獨立行動的空間卻極為有限。就像泰國史上大多數泰王一樣，他在「網絡王權」中只是一號相對軟弱的人物。他身段柔軟，不喜事必躬親，但在百姓心目中是一位善良的賢王，深獲百姓敬愛，對統治階級而言是一位理想的國王。精英利用國王的神聖氛圍將他們的優越地位合法化，讓他們在網路中的下屬相信他們的指示出自皇家權威。像普瑞姆這類「國王的人馬」一旦能夠讓自己罩上一套皇家「波羅蜜」（barami，佛家修煉之法）法袍，就能在網路中自由縱橫，無往而不利。沒有人知道他們的指示是否真正出自國王。美國大使館在一封密電中指出：

> 形形色色的圈子裡都有許多人，在沒有任何正式授權的情況下盜用國王魅力，假借王室威望，這種過程在泰國稱為「假波羅蜜」（ang barami）……由於這種為自己圖利的「假波羅蜜」早已蔚為風氣，就算與皇家親王們關係比較親密的泰國人，在處理其他皇家友人傳達的意旨時，都不得不謹慎小心。[19]

一九九〇年代，哇集拉隆功的怪異行徑仍然不斷，讓當局惱火不已。一九九六年，日本首相橋本龍太郎抵達曼谷出席高峰會時，他的波音七四七座機在跑道上受阻了二十分鐘。當時這架七四七專機在三架F-5戰鬥機前導下在跑道滑行，前往紅地毯，其中一架F-5戰鬥機的駕駛員正是哇集拉隆功。他所以這麼做，為的是報復他認為自己在九年前訪問日本時受到的不敬。幾個月以後，當泰國籌備蒲美蓬登基六十週年大典時，哇集拉隆功又惹出一件震驚泰國的醜聞，把他的第二任妻子玉哇西達逐出他的宮殿，並且趕出泰國。這次事件除了重創王室聲譽以外，哇集拉隆功的婚變鬧劇對他繼承王位的前途也是一大打擊，因為他逐走玉哇西達的同時，也因此逐走玉哇西達為他生下的四個兒子。這位王儲就這樣沒了合法的男性繼承人。

在改革派一九九七年頒布的「人民憲法」（People's Constitution）中，王位繼承問題是極重要的環節。兩位主張改革最力的人士，阿南．班雅拉春（Anand Panyarachun）與普拉瓦．瓦西（Prawase Wasi）以坦率地驚人的方式指出，他們之所以推動這部新憲法，主要的幕後動機就是要制衡哇集拉隆功。新憲法的設計目的是，即使哇集拉隆功真的當了國王，寡頭統治階級仍能維護、保有他們崇高的地位與影響力。不過大多數精英都認定哇集拉隆功絕對當不了國王。他們認為，他遲早會幹下一些惡劣得讓人無法接受的蠢事，自毀王位接班的前程。他們也相信，蒲美蓬與大多數人的看法一樣，也不敢讓他這個離經叛道的兒子接班，在時機適當時，蒲美蓬自會指定由詩琳通公主接班。加拿大作者威廉．史蒂芬森寫的一本很特別的書，對這個議題描繪得尤其清楚。在應蒲美蓬之請替他作傳以後，史蒂芬森在曼谷停留了幾年，獲得與蒲美蓬接近的許多前所未有的機會。一九九九年出版的《革命的國王》（*The Revolutionary King*）曾遭致學界群起撻伐，因為它犯了許多基本錯誤，就嚴肅的史學標準而言，這本書的荒腔走板更加可笑得離譜。但書中深入探討宮廷核心人士的心態，卻有彌足珍貴的價值。其中有幾段文字點出了王儲色急的醜態：

當哇集拉隆功主持佛像開光典禮時，皇家內務局（Royal Household Bureau）一位可愛的年輕女子問我，「他為什麼用那個邪惡的眼神看你？」我對她說，他看的是她，不是我。她聽了這話嚇得發抖：「我希望不要——女人一旦遭他看上就死定了……」

一位在美國受過教育的貴族女性感嘆道，「要求一位身為王位繼承人的男孩十全十美，也太過分了。」她說，「你看看這些他穿著禮服的照片！如果他能遵守舊規矩，他很可能想什麼有什麼，像早先那些王一樣，要多少女人就有多少女人。」

在這本書的尾聲，史蒂芬森談到蒲美蓬在位時日已經無多，一種大禍將至的氣氛已經彌漫，還表示國王想讓詩琳通公主接班：

他玩笑著說，「我沒有死的本錢。」一旦他的生命看來已經走到盡頭，他畢生所做的一切都將化歸泡影。王儲絕不會讓女儲君詩琳通公主繼承王位。很久以前，詩琳通在決定終身不嫁時就惹惱了她的母親。大家對國王必須還要活多久的問題，一直辯個不停。那些有意壟斷政治權力的人，不能不顧及女儲君未來也有可能繼承大寶。儘管女人當泰國國王是一項驚人創舉，但就算詩琳通仍保處子之身，就算她不可能生兒育女以產生王位繼承人，國王已經為她做好繼他為王的準備。而且大多數人對她崇拜不已，早就準備迎接她擔任下一任國王。[20]

二〇〇〇年代中期，在超越又兩個里程碑——他過了第六輪的七十二歲生日，而且超越拉瑪一世成為泰國史上最長壽的國王——蒲美蓬又一次嘗試退休。這次他沒有設法正式退位，他只是從皇家職場上退了一步。蒲美蓬走出曼谷俗世煙塵，將那一切令人窒息的爾虞我詐拋在身後。他掙脫不斷盯著他一舉一動的朝臣，以及那位早已與他疏離的王后，搬進華欣海邊的忘憂宮，希望能清清靜靜地度過風燭殘年。

第十章

「活在恐怖時代」

——寡頭的黃昏

二〇〇六年三月二十一日午夜過後約一小時，一名二十七歲的男子在曼谷市中心拉差阿帕森路口踏進華麗的四面佛佛寺（Erawan Shrine）基座，拿出一柄鎚子開始搗毀印度梵天神的神像。這座神像遍體覆蓋金葉，但材質只是中空的塑膠，所以很快就被打得粉碎。當時有兩名掃街的工人，見狀衝上來制止，其中一名工人揮著一根鐵棒。這名青年倒在佛寺邊人行道上，頭部有一條四吋寬的鈍器外傷，背部也遭到重創，嘴角汩汩淌血。他身上沒有身分證明文件。幾小時以後，五十一歲的沙育．帕迪玻（Sayant Pakdeepol）在聽到電台有關這次事件的報導以後，趕到當地倫披尼（Lumphini）警察局，發現自己最怕的事果然成真。他驗了屍，證明死者正是他的兒子沙那空（Thanakorn）。沙那空是精神病患，那天在午夜時分衝出家門，下落不明。沙育在事後說，「我要問他們為什麼要把他打死。我看不出他們有什麼理由必須下這樣的毒手。」[1]

梵天神神像被毀的事件震撼了泰國。四面佛佛寺建於一九五六年，目的在安撫當地的鬼神。在建寺之前三年，工人在當地挖地基，準備造一座酒店。但工程展開以後，工地事件頻傳，幾名工人受傷。一九五五年，在一艘從義大利出發、載有酒店大廳大理石用料的貨輪在海上沉沒以後，工人認為這一切都是酒店施工擾及當地鬼神、鬼神展開報復的結果，於是全體罷工。工會官員遂向一名著名占星家就教，占星家建議他們建一座梵天神神像。他們照辦。神像建好以後，酒店施工果然一切順利，沒有再出任何亂子，四面佛寺靈驗之名於是立刻盛傳，香客不絕於途。泰國人一般將梵天神視為首都保護神。因此，梵天神像被毀造成一種歇斯底里般的極度恐慌，特別對統治精英而言，情況尤其嚴重。一連好幾個月，元老政治家們紛紛提出警告，說一場史無前例的大難即將臨頭。數以萬計泰人加入首都街頭不斷出現的大規模示威，而且都相信王室與王國大難不遠。查爾斯．凱耶斯說，泰國人普遍認為，神像被毀事件是「一項政治危機將至的惡兆」。[2]《國家報》刊出一篇末世警訊意味濃厚的專欄，提到那萊王當年曾預言阿瑜陀耶王國崩潰在即，並且警告說今天的泰國也大禍將至。專欄將罪責歸咎於塔信領導不利，把國家帶向毀滅邊緣：

塔信時代的招牌特色，除了貪得無厭的資本主義與唯利是圖的經濟成長以外，還有層出不窮的凶兆。這些凶兆以各種形式顯現，其中有警訊，也有自然災害。如果領導人不知行善，民眾不事學習，社會必將走向一連串危機。[3]

這篇專欄還指控塔信，說他為泰國帶來一大堆禍事，包括SARS病毒、禽流感，以及造成慘重傷亡的二〇〇四年印度洋大海嘯。幾個月以後，保王派大將阿南．班雅拉春又加了一條末日預言，說泰國的分裂情況已經空前嚴重。阿南在一篇演說中提出警告：「泰國社會現在已因強烈的仇恨而兩極化。如果讓這種情勢繼續發展下去，我們將活在恐怖時代。」

在維基解密事後取得的密電中，美國大使鮑斯問道，「但泰國人究竟為什麼如此焦慮不安？」電文中繼續寫道：

部分原因是，人總是容易淡忘壞年頭究竟有多壞。但還有一部分可能源自泰國政治與社會短短幾年來出現的變化。在過去的泰國，政治大體上只是精英們玩的遊戲。但一九九二年的群眾示威推翻了獨裁，之後泰國通過一九九七年的「人民憲法」，財富增加使更多的人可以運用媒體，再加上總理塔信那些以人民為重心的政策——塔信認為，農村人口過去一直遭到漠視，但想在選戰中獲勝，就必須保有農村地區人民的支持——泰國的政治可以說已經開始民主化了。在泰國社會，謙卑、隱忍已經不再是崇高美德。泰國人民發現為自己爭取權益的重要性。更多泰國百姓開始覺得曼谷政治鬥爭與他們息息相關，他們準備參戰了。[4]

在泰國膚淺的現代與民主表象下，舊有保王派權力結構觸角仍然遍及整個社會。甚至在進入二十一世紀以後，由商界大亨、官僚與將領組成的寡頭統治，仍然保有龐大的、體制外的政治影響力。安德森曾說，泰國事實上控制在「幾個相互勾結在一起的家族群手中，這些家族的孩子上同一所學校，他們的生意相互交織，他們相互通婚，共享同一套價值與利益。」[5]幾世紀以來，統治階級已經膨脹，組成分子也有了變化，但舊有派系傳承與貪污腐敗的「食田制」文化依然健在，只不過添上幾層制式與資本主義關係，為舊有權力形式戴上一副面具罷了。千年來的精英統治，甚至已將社會不公融入語言之中。韓斯—戴特．貝斯泰（Hans-Dieter Bechstedt）曾說，「在泰國，由於語言結構使然，與人打招呼而不提到社會地位根本不可能。」[6]

傑洛米・坎普（Jeremy Kemp）也曾表示，「值得強調的是，這是一種就概念而言，根本沒有平等這回事的體制。」[7]英格利哈指出，在泰國，就算雙胞胎兄弟「也必須分出長幼……看誰先出母體而定。」[8]當局仍然運用對王室的強制禮拜，做為精英統治的意識形態基礎，宮廷也仍然運用王室資產管理局的龐大財富拉攏當權派，維護寡頭的經濟主控權。根據消息靈通人士最保守的估計，在二十一世紀第一個十年中，王室資產管理局的資產增加了至少三百億美元。[9]蒲美蓬是全世界最富有的國王。為保護他們的主控權，精英仍然倚仗宣傳與高壓。

不過權力平衡已經出現變化。泰國仍是一個先天不平等的社會，但足夠財富已經流入窮人手中，促成窮人生活的轉型。誠如人類學者安德魯・華克（Andrew Walker）所說，「泰國農民就大體而言，已經不再貧窮」：

> 他們現在是中等收入的農民。他們未必富足，也未必享有都市中產階級那種消費者的舒適，但農村生活標準的大幅改善，使他們大多數都能足衣足食，過著不愁吃穿的生活。在泰國今天大多數的農村，最主要的生活挑戰不再是買不起食物的典型低收入生存挑戰，而是如何多樣化、如何提高生產力的中等收入挑戰。[10]

泰國農村已經不再是過去那種與世隔絕的社區。在遭統治精英漠視一百多年後的今天，農村教育系統仍然極度貧乏，但泰國農民與外界的接觸比過去大得太多，自我教育的能力也強了許多。要農民逆來順受的老教條已經越來越難灌輸，充斥在泰國社會的不公與剝削也越來越難遁形。

都市中產階級也較過去富裕得多，他們越來越自視為精英，認為自己比一般平民百姓高一等，嫌貧妒富地保護著他們在社會階級中的利基地位。安德森說，這些中產階級一般「膽小，自私，沒有文化，只重消費，對國家前途完全沒有任何遠見。」[11]他們幾乎全體一致採納一種道德政治觀，要求建立清廉政府：這本是合情合理的抱負，但他們錯在沒有深入探討系統性治理問題，往往只是將貪腐歸咎於窮人，認為窮人無知，選不出好官員。

在社會金字塔尖端的精英，對中產階級財富的快速增加不以為意，因為中產階級財富的增加能為大財團創造一個迅速擴大的內需市場。但窮人收入增加、窮人聲音越來越大的現象卻令精英警懼，因為窮人之崛起威脅到當權派的政治主控權，而且精英們的生意靠的是廉價勞工，而窮人崛起會威脅到廉價勞工的供應。此外，他們還擔心蒲美蓬死後可能會出亂子。哇集拉隆功與傳統當權派數十年的夙怨，已經演變成相互之間水火不容的惡鬥。統治階級相信，哇集拉隆功如果繼位成為拉瑪十世，一定會因為他們過去對他不敬、因為他們過去阻撓他登基而進行報復，他會撤除皇家對傳統當權派大老的贊助，還會提升一批新精英取而代之。這其中涉及的，不只是政治社會特權而已。一旦哇集拉隆功承繼王位，他同時也將取得王室資產管理局龐大財富的控制權，可以把經費從舊精英擁有的企業中撤走，斬除他們的經濟優勢。

早在蒲美蓬於二十一世紀初逃至海濱隱遁之前很久，這類緊張情勢已經逐漸升溫。泰國農民恭儉順服、安心務農的理想田園畫面已經一去不復返，這趨勢令蒲美蓬越來越擔心。他自一九九五年起開始鼓吹他所謂「新理論」，也稱做「充分經濟」論。它其實只是一套說教，不是什麼理論，目的在宣揚遵循「中道」的重要性，要人有智慧、重操守，不要過於貪心。但它對窮人有重大影響。華克解釋說，「根據國王這套理論，農村社會應該以生存性生產（僅生產生存所需的作物）為優先，將商品交換在地化，以建立不過分暴露於市場風險的永續性生計。」[12]根據國王的這項指示，泰國農民只應追求最起碼的收入成長，能維持傳統生活方式就應滿足，不應積極運用一切可行途徑以改善生活。這是一種保守派意識形態，目的在回復泰國過去神祕的面貌。在一九九七年泰國經濟由於泰銖暴貶而重創時，保王派盛讚蒲美蓬有先見之明，卻不提王室擁有巨額財富，以及王室資產管理局因為採取過度舉債的成長策略險些搞得破產的事實。

蒲美蓬勸人適可而止、不要貪心的說教不僅針對窮人而發；他同時也在向哇集拉隆功釋放訊息。眼見自己的兒子如此恣意揮霍、如此欠缺佛家道德，蒲美蓬遂在氣急敗壞之餘，開始利用公開宣教的機會向兒子提出私下告誡。一九八八年，在放棄退位的主意以後，蒲美蓬改寫「摩珂賈納卡」（Mahajanaka）的故事，完成一本書。摩珂賈納卡王是講述釋迦牟尼輪迴轉世的《佛本生經故事集》（*Jataka*）中的一段故事。蒲美蓬寫的這本書於一九九六年為慶祝他登基六十週年而出版，很有為他六十年來的治績作喻的意味。在他為這本書寫的序言中，蒲美蓬說，他將這故事的原始版本做了一些修改。根據這故事的原始版本，摩珂賈納卡王在頓悟俗世一切財富只能為人帶來悲傷以後心智大開，放棄他的王國，揮別他的妻子，隱入荒野，成為一個雲遊和尚。在蒲美蓬改寫的版本中，摩珂賈納卡王由於子民的無知無法隱退：

從總督以下，直到馴象師與馬伕，從馬伕以上直到總督，特別是那些朝臣無不無知。他們不僅欠缺知識，也欠缺常識：他們甚至不知道什麼對他們有利。他們喜歡吃芒果，卻毀了好好的芒果樹。[13]

這本書很顯然意在斥責他的臣民與他的兒子——他們的貪婪與無知迫使他放棄他的退休計劃。蒲美蓬還設法限制哇集拉隆功的收入，以迫使王儲有所收斂。

在終於在二〇〇〇年半退休以後，蒲美蓬全力寫另一本書，談他寵愛的狗。這本書於二〇〇二年出版，附了幾張國王披浴袍、穿拖鞋，還有他一窩愛犬的照片，取名《通丹的故事》（*The Story of Tongdaeng*）*。《通丹的故事》成為泰國史上最暢銷的書。書中的訊息是，泰國人都應該以蒲美蓬的狗做榜樣：

通丹是一隻有禮貌、敬仰主人的狗；她既謙卑又懂規矩。她永遠只會坐在比國王低的地方；就算國王想拉她起來、抱她的時候，通丹也會矮下身子，伏在地上，兩耳恭敬地下垂，好像在說「我不敢」一樣。[14]

這個故事向泰國人——特別是向哇集拉隆功——傳達的訊息很明確。蒲美蓬要的是忠誠的臣民與一個懂得敬意與服從的兒子。同時，他也會想辦法讓通丹過好日子。

哇集拉隆功顯然沒有把他父親的意旨聽在耳裡。二〇〇〇年十一月，他完全不顧所謂勤儉節約的道理，向距曼谷五千多哩外、英國艾文河畔史特拉福（Stratford-upon-Avon）的泰王國（Thai Kingdom）餐廳訂了三百五十份豬肉丸、鴨肉與蝦等泰國料理。倫敦泰國大使館不得不勞師動眾，派工作人員將這些餐食裝箱送上一架泰航（Thai Airways）班機。哇集拉隆功曾在一次英國之行期間在泰王國餐廳用餐，顯然極為欣賞這家餐廳的美食，不惜出動飛機飛往曼谷叫外賣。泰王國餐廳的英國老闆告訴記者，「如此千里迢迢送餐看來似乎遠了一點，不過我想既是王子喜歡的，自然有辦法辦到。如果他高興，大家都高興。特別對餐廳工作人員而言，這是一大榮幸。他們都喜出望外。」[15]同時，就在蒲美蓬開始在每一項公開場合都帶著通丹露面的同時，哇集拉隆功也開始帶著他的愛犬公開亮相。哇集拉隆功帶的是一隻渾身毛茸茸的白色貴賓犬，名叫富富，富富永遠梳理得光鮮亮麗，穿著各式軍服與便服。美國大使鮑斯在二〇〇七年的一篇報告中說，

＊編按：通丹是蒲美蓬收養的一隻流浪狗，他為牠取名通丹，即泰文「銅」的意思，可能是為了反映牠黃銅般的毛色。

富富「穿著正式晚禮服，還戴上爪套」出席一項晚宴，並在晚宴中獲晉升空軍元帥官階。[16] 哇集拉隆功的搞怪把當權派整得目瞪口呆，而王儲還顯然因此沾沾自喜。

導致泰國的社會與王位繼承之爭惡化為嚴重危機的因素，是塔信・西那瓦的政治崛起。塔信出身富有華裔泰人家族，家族在清邁很有勢力。他曾經設法透過家族關係與他在警界歷任的高職經商，但早期的生意大多以慘虧收場。在一九八〇年代末期，行將屆滿四十歲時，塔信已經債台高築。但之後他時來運轉：在一九九八與一九九一年間，塔信把握住幾個利潤豐厚的國營電信優惠生意，搭上一九九七年前那波狂熱的泡沫列車，賺了數以億計的財富。他在國會的生涯也同樣先衰後盛：他在一九九〇年代中期初次進軍政界，但以一敗塗地收場；九〇年代結束時他再次嘗試，取得驚人勝利。

塔信建立一個新政黨——泰愛泰黨（Thai Rak Thai）——並且在政黨人事與政策上採取兼容並蓄的作法。他精心策劃，推出一項讓幾個關鍵性政治支持基礎傾心的政綱：包括傳統保王派華裔商界大亨（他們視他為天生的盟友）、對國際貨幣基金（IMF）祭出的撙節措施怨聲載道的小生意老闆與員工，以及貧窮的農人。他以巨額廣告預算為後盾，運用現代行銷手段，建立泰愛泰的品牌、訊息與政綱。而當年其他政黨甚至沒有品牌、沒有訊息或政綱。就這樣，塔信在二〇〇一年一月的大選中大獲全勝，泰愛泰黨只差兩席就囊括國會過半數席次，創下泰國史上任何政黨寫下的最佳戰績。

在宣誓就職以後，塔信政府立即而有效地開始兌現他的政策諾言。對於受騙上當幾十年、早已不相信政客競選諾言的選民而言，塔信這種與眾不同的作法大受歡迎。他的民意支持率高漲。帕蘇與貝克對這段巨變有以下描述：

二〇〇一年二月，泰國最有錢商人之一的塔信．西那瓦當了總理，他的內閣用了許多富商巨賈。這在泰國是創舉。儘管自投票政治成形二十年以來，商人一直支配著泰國國會，但商界重要人士一般對從政並不熱衷。塔信以一項直接以農村大眾為訴求的政綱贏得這次大選。這在泰國也很新奇。過去的選舉主要靠地方影響力取勝。沒有人把競選文宣真正當一回事……塔信的政黨幾乎取得絕對多數席次。自一九七九年以來歷屆選舉中，沒有一個黨曾經贏得國會三分之一的席次。在執政後一年間，塔信將選舉政綱列出的所有要點完全兌現。這確實是非常新奇。[17]

塔信是幾十年來第一位真正重視投票、積極爭取選民託付的泰國領導人。但他也努力拉攏著宮廷。在一九九〇年代，他捐了許多錢給詩麗吉，以及恣意揮霍、永遠鬧錢荒的哇集拉隆功。[18]鮑斯在一封洩密的電文中指出，「國王不會永遠在位，塔信很早以前已經開始為王儲的前途投資。」[19]

在擔任總理的第一年，塔信取得大多數當權派的支持，特別是詩麗吉的一夥人。但蒲美蓬國王不喜歡塔信。蒲美蓬一直不信任民選政治人物，對塔信資助王儲的作法更是怒不可遏，因為國王想用扼緊財源的方式迫使王儲就範，塔信這麼做讓國王的計劃功虧一簣。在二〇〇一年十二月發表的生日演說中，蒲美蓬長篇大論數落了塔信。翌年開年後不久，《遠東經濟評論》根據精英人士走漏的情資刊出一篇報導，說塔信「試圖干預皇家事務」，而且與哇集拉隆功有「生意關係」，讓蒲美蓬很感不滿。[20]塔信政府對這篇報導反應異常激烈，還揚言要將這家雜誌駐曼谷的記者驅逐出境，更加佐證了這篇報導的真實性。

另一方面，塔信開始極力破壞一九九七年憲法建立的制衡機制，讓它們變得有名無實。對於身為網絡王權首要人物、幕後操控這些制衡機制的普瑞姆．廷素拉暖而言，塔信此舉不啻直接挑釁。麥卡高解釋說，「塔信展開有系統的行動，在各式各樣領域瓦解忠於普瑞姆的政治人脈，意圖用自己的支持者、部屬與親戚取代他們。他想顛覆網絡王權，用一種以內線交易與結構性貪腐為基礎的網絡……取而代之。」麥卡高說，普瑞姆原本以為塔信總理會唯命是從、遵守不成文的高層潛規則行事，但「塔信無意遵守這些君子之間的遊戲規則」，他「步步進逼，把普瑞姆趕出重要決策圈外，展示他創建一種完全以他本人為中心的領導核心的決心。」[21]到二〇〇五年，大多數泰國精英已經反對塔信。華裔財閥擔心塔信會運用政治主控權犧牲他們，換取他自己的經濟利益。塔信不重視制衡、不重視言論自由與法治的作法，讓當權人士中的自由派不滿。塔信意圖搗毀普瑞姆與其保守派盟友的特權，建立本身權力網絡的作法，也讓普瑞姆一派憤恨不已。

在二〇〇五年上半年，兩次爆炸性事件讓精英的不滿惡化為全面性恐慌。那年二月，泰愛泰黨贏得一場壓倒性的大選，在國會五百個席次中囊括三百七十五席。塔信成為泰國史上第一位連選連任的總理，同時也是第一位贏得國會絕對多數席次的總理。歷經幾十年小黨林立、必須組織聯合政府的局面，泰國終於出現邁向兩黨政治的契機，民主黨淪為唯一有望制衡的反對黨。在遭到慘敗以後，民主黨選出一個似乎比較有望勝選的黨魁阿披實·維乍集瓦。但想在幾年內有效挑戰塔信，看來仍只是一場幻想——民主黨仍然固守精英主義，古板守舊，沒有新理念。塔信憑藉以窮人為訴求的群眾政策，似乎將在今後數十年掌控國會。想到這就令傳統當權派憂心如焚。

那年四月，哇集拉隆功的第三任王儲妃斯莉拉斯蜜·阿卡拉邦比差（Srirasmi Akharapongpreecha）生了一個兒子。王儲再次有了一個合法的男性繼承人。統治階級長久以來一直充滿信心，相信等到時機到來，他們總能讓哇集拉隆功當不成國王，像泰國史上屢見不鮮的情況一樣，擁立一個他們比較可以接受的人繼承人王位。但到二〇〇五年，他們的樂觀逐漸煙消雲散。王儲妃生下兒子的事攪亂了他們的算盤——精英指望的王位繼承人詩琳通一直未婚，也沒有子嗣。突然間，王儲繼位的態勢穩固多了。

此外，塔信與王儲顯然沆瀣一氣的事實，也說明哇集拉隆功繼位並非不可能。王儲雖然不得人心，但塔信總理的施政滿意度與民意支持度都高得史無前例，足以互補。兩人聯手可以結合成一支強大的團隊，或許能主控今後幾十年的泰國政局。

塔信與哇集拉隆功搭檔、支配政治與金融局勢的時代即將到來，傳統當權派統治優勢即將結束——二〇〇五年以降，彌漫在權貴之間的那種末日將至的恐慌，就是這樣造成的。精英們於是組成聯盟對抗塔信，聯盟成員幾乎將整個當權派一網打盡，其中包括軍方高級將領、民主黨、官僚與法官，以及衛道的中產階級曼谷保王派。他們所以結合在一起，不只是因為他們不喜歡塔信而已，還因為他們恐懼哇集拉隆功。王位繼承問題從一開始就是他們的主要動機。

當權派政界人士對塔信的攻擊炮火開始越來越猛烈。同時，過去支持塔信的媒體大亨林明達（Sondhi Limthongkul）開始結合中產階級，展開反塔信的群眾運動。國王與王后沒有參與這項破壞繼承的圖謀；詩麗吉仍然堅決支持她的兒子，認為哇集拉隆功理當繼位為王，蒲美蓬儘管對哇集拉隆功的行為失望透頂，但他的保守思想限制他挑選其他繼承人選。反塔信的勢力有一個說不出口的祕密，就是他們要違反國王旨意，讓法定繼承人無法繼承王位。為掩飾這個祕密，他們採用激進保王派所用的尖銳詞藻。林明達開始在每週一次的電視秀場節目上大罵政府貪污，在塔信關了這個節目之後，林明達開始不斷舉行遊行示威，並透過他旗下的衛星與有線電視頻道以及網際網路攻擊塔信。林明達每次現身總穿著一件黃色T恤，上面印著「我要為國王而戰」的標語。他的支持者於是也開始穿上代表國王顏色的黃衫。「黃衫軍」運動就此誕生。由於公開討論王位繼承或批判王儲是禁忌，而且違反這個禁忌可能大難臨頭，黃衫軍領導人從來沒有公開表示他們反對哇集拉隆功。但線索比比皆是。當權派大老與黃衫軍領導人，終於把幾十年來對王儲又恨又怕的怨氣盡情宣洩。他們歇斯底里地指控塔信，說塔信貪污腐敗，是個惡貫滿盈的惡魔，說塔信會引領國家走入黑暗時代。在過去以救世為號召的群眾運動中，窮人相信一位神聖領導人將帶領他們建立公平社會。這次群眾運動性質不同。這次是泰國有錢人因為害怕出現暴君、剝奪他們的特權，而發起的群眾運動。

推翻塔信的運動得面對一個明顯的矛盾：塔信是泰國有史以來最受民眾歡迎的總理。若就支持者而言，塔信擁有壓倒性的數字優勢。但這又是一場靠著虛張聲勢、營造氛圍來建立合法性的競賽，不是一項憑人數多寡定輸贏的鬥爭。儘管黃衫軍顯然不能代表大多數民意，但反塔信派系一週接一週、不斷在曼谷發動群眾抗議，希望製造塔信已經失去合法性的假象。他們希望惹火塔信，讓塔信在氣急敗壞的情況下採取鎮壓，最好還能讓塔信動用武力，若像一九七三與一九九二年暴力事件一樣造成示威者一些傷亡，那就更加妙不可言了。一旦發生這種狀況，宮廷或軍方就有藉口進行干預。鮑斯當時指出，「反塔信陣營只能希望從兩個極端取得奧援，一是街頭，一是宮廷。這情勢說來有些矛盾：民主黨反對派與公民社會竟然將他們的短程目標寄託在相當不民主的解決辦法上。」[22]在二〇〇七年一次訪問中，林明達暢言無忌地說，黃衫軍示威過程中，在背後為他撐腰的權貴曾鼓勵他想辦法製造暴力對抗：「想謀得軍隊干預或想讓國王出面，一定得有個前提：必須流血……總有人對我說，『林明達，你能不能把事情搞得更激烈一點，搞出一些對抗，讓我們見一些血腥？』」[23]

在不斷升溫的街頭抗爭壓力下，塔信一連做錯幾個決定。二〇〇六年一月，塔信宣布以十八億美元將他的新集團（Shin Corp）賣給新加坡淡馬錫控股，寫下泰國史上成交金額最大的一筆公司交易。塔信認為這麼做，可以堵住反對派指控他政策貪污的悠悠之口，但反對派利用他在這項交易中沒有付稅的事實大作文章，挑起中產階級的憤怒。二月四日，多達十萬名黃衫軍發動巨型反政府示威。當天早上，塔信在每週一次的電台廣播中，發表了一篇未經審慎思考就做成的聲明。他說，「只有一個人能讓我下台……那就是國王陛下。如果他在我耳邊輕聲低語『塔信，你該下台了』，我自然會匍伏在他腳下請辭。」塔信的敵人就利用這段口實指控塔信侮辱宮廷。這一連串失策讓黃衫運動聲勢大增。另一名重量級人物、曾經領導一九九二年五月抗議行動的占隆・斯力旺也在這時加入反對陣營。黃衫運動還採用了一個正式名稱：人民民主聯盟（People's Alliance for Democracy，簡稱PAD）。

二月二十四日，在贏得泰國史上最輝煌的一次選戰之後僅僅一年，塔信提出國會提前改選的建議，相信自己可以憑藉又一次壓倒性的選戰勝利重建統治正當性，讓批判他的人閉嘴。民主黨拒絕參與這次選舉。民主黨提不出令人信服的理由來說明他們所以抵制這次選舉為的是泰國民眾的福祉，但民主黨知道他們如果參選必敗無疑，不如發動一次憲政危機比較對自己有利。樞密院大臣普瑞姆當時告訴鮑斯：「泰國人民要求換一位總理。」[24]事實上，二〇〇五年大選結果已經證明，大多數泰國人民希望塔信主政。要塔信走路的是那些傳統既得利益者。

四月二日舉行的這次大選，證明泰國已經更進一步陷於兩極化。泰愛泰黨獲得約一千六百萬張選票，相當於總投票數的百分之五十三。近一千萬選民選了選票上的「棄權」選項，基本上等於對塔信投了反對票，還有近四百萬張廢票。四月四日，塔信前往華欣，覲見國王。幾小時後，他在返回曼谷之後發表對全國的電視演說。臉色灰白的塔信宣布，他不會擔任下一屆國會的總理。演說結束後，塔信與他妻子都哭了。

根據走漏的美國外交密電，來自多方的消息人士（包括塔信本人）認為，塔信早在覲見國王以前，已經決定做一次戰術性撤退，放棄總理大位一陣子。他打算推一名代理人上台，自己隱身幕後操盤。當他告訴國王，他不準備擔任下屆政府的總理時，蒲美蓬只是點了點頭，沒有表示意見。[25]幾小時以後，塔信接到國王機要祕書阿沙・沙拉辛（Arsa Sarasin）打來的電話。阿沙在電話中對他說，僅僅不當總理還不行，塔信還必須放棄一切政務。塔信所以聲淚俱下地發表那篇電視演說，原因就在這裡。塔信最先以為阿沙在電話裡轉達的是國王的命令，但之後他發現，這通電話根本未經蒲美蓬明確授權，完全是宮廷網絡一些成員操控的結果。在與一名前白宮官員會晤時，塔信怒不可遏，大談「宮廷官員處心積慮編織詭計，還指控樞密院成員……陰謀對付他」：

> 他說，宮廷朝臣在操縱體弱多病、又與世隔離的國王。塔信反覆重申他的理論，認為國王把他視為與國王角逐鄉下人效忠的對手。塔信否認自己在與國王角逐什麼，說自己不過是個「單純的農民」、喜歡與鄉下人混在一起，在麵館吃碗小麵罷了。塔信並且以幾乎不

加掩飾的輕蔑口氣，形容國王見識「狹隘」，不知道世界已經改變（「從來沒坐過波音七四七」），還指責國王「以為國家是他的」。[26]

二〇〇六年三月與四月的政治密謀，導致泰國精英衝突的急遽升高。塔信直到這時才恍然大悟，發現當權派要搗毀他的政治影響力。在經過早期的猶豫之後，塔信決定反擊。暗鬥已經結束，明爭開始了。

二〇〇六年四月二十五日，蒲美蓬透過兩篇對法官的電視演說，做了他多年來最公開、殺傷力也最強的干預。有人要求他出手干預以解決這場政治危機，但蒲美蓬以維護憲法統治為由，不肯答應這些請求。他說，「要國王指派總理是不民主的。容我不客氣的說，這麼做不理性，會搞得一團糟。」蒲美蓬說，司法系統應該出面解決這場憲法危機。為說明他的解決辦法，國王認為四月這次提前選舉「不民主」，還暗示司法系統應該想辦法宣布這次選舉無效。蒲美蓬說，「若不這麼做，國家會崩潰。」[27]蒲美蓬沒想到的是，公開向司法系統下指導棋的作法，不比直接干預更加高明。事實上它比直接干預更糟，因為它赤裸裸地把原本應該中立的機制給政治化了。在泰國，治理與法治一直就很脆弱，而且一直有利於精英；塔信在擔任總理的五年之間，已將許多原本應該發揮制衡作用的機構併入他的系統。蒲美蓬明示司法系統與相關部門應該想辦法遏阻塔信的政治野心，等於讓維護正義與公平的機制蕩然無存。在這次電視演說過後，雙方不再躲在一種可以接受的憲法架構內進行鬥爭，他們開始為求勝而無所不用其極。誠如麥克．康諾（Michael Connors）所說，就這樣，「所謂可以接受的權力運作規則出現像深谷一樣的政治分裂。」[28]

二〇〇六年五月，憲法法庭果真如蒲美蓬指示，判決這次選舉無效。但這項判決也為塔信鬆了綁，讓塔信不必遵守諾言下台：他宣布將留任「看守」總理，直到新選舉舉行為止。同時，樞密院元老、法官以及退役將領也開始積極策劃政變。三年後，一名當年與會者揭露了討論這項政變計劃的一次晚餐會細節。[29]主持這次晚餐會的披雅．馬拉庫（Piya Malakul）是一名低階王室成員，他想破壞詩麗吉對塔信的支持。披雅告訴美國外交官，他「與王后共處了三天」，說服王后相信塔信出資贊助反對王室的網站，讓王后轉而反對塔信。[30]

那年六月，在蒲美蓬登基六十年慶典期間，雙方都遵約不明槍執火、公開廝殺，但慶典一結束，雙方立即又打在一起。六月底，塔信在一次對官僚與軍官的演說中毫不遮掩地說，有人濫用憲法體制外的王權，積極陰謀推翻他。塔信所謂「有人」顯然指的是普瑞姆，而且這項指控還千真萬確。但正因為千真萬確，它惹惱了當權派。七月十四日，八十五歲的普瑞姆穿上全套騎兵戎裝，對軍校生發表一篇特具意義的演說。他說，「在賽馬運動中，馬主人聘請騎師騎馬。騎師並不擁有他們的馬。他們只是騎馬。政府就像騎師一樣。它監督軍人，但真正的主人是國家與國王。」[31]三天以後，軍方突然宣布改組，支持塔信的軍官——特別是塔信過去在軍校時代的那些同學——都被趕出曼谷與東北地區的要職。軍方的武裝政變已經箭在弦上。

第十一章

「政變主謀的夢魘」

——升高與啟蒙

二〇〇六年九月十九日傍晚，忠於普瑞姆的將領率領戰車，從京城郊外隆隆駛進曼谷市中心區，有些戰車還因為撞上顛峰塞車期，被堵在路上。這批部隊就將戰車停在政府建築與電視台外面。沒有爆發戰鬥，也沒有流血：就像過去一樣，這次政變也是軍方演出的一場誇張的鬧劇，目的無非是為精英提供一個藉口，讓精英鎮壓民主罷了。蒲美蓬大可以拒絕支持它，下令軍隊撤回營區。名義上領導這次武裝政變的保王派將領會服從他的命令。這時距離上一次政變已經事隔十五年，大多數泰國人都相信那段軍隊動輒接管政權的日子已經成為過去，但國王並不反對軍隊推翻他厭惡的這位總理。經這次政變而上台執政的軍事執政團，自稱「君主立憲下的民主改革委員會」（Council for Democratic Reform under the Constitutional Monarchy），但之後將它的英文名稱改為「Council for Democratic Reform」（民主改革委員會）——政變將領們一面極力向泰國人宣示他們同情保王派，一面想向國際社會隱藏他們事先獲得國王默許的事實。美國大使館指出，軍事執政團為「如何為國王所扮演的角色定位」的問題掙扎不已。[1]

二〇〇六年政變是當權派一項災情慘重的策略性誤判，蒲美蓬的默許對宮廷也是一場大難。塔信是泰國有史以來最受歡迎的一位總理。他的遭到罷黜，讓數以百萬計的民眾憤怒，尤其是窮人更加怒火沖天。此外，當權派原以為普瑞姆已與國王就王位繼承問題達成協議，這次政變不過是他的初階段計劃而已。但事情很快明朗：普瑞姆與蒲美蓬根本沒有做成任何不讓哇集拉隆功繼位的安排。塔信也不肯就此乖乖下台，而奪得政府主控權的當權派大老也完全不知如何因應。美國大使館派在泰國東北部的人員在報告中說，「地方上的農民不接受塔信已經下台。」[2]政變沒有解決當權派面對的任何問題，只使問題更加惡化。帕蘇與貝克用化名在《國家報》發表一篇評論，說精英們已經「困在一個荒島上」：

一邊是國際輿論之海：東南亞好不容易出現的一線民主曙光，竟硬被推回政治石器時代，令這片海洋浪濤洶湧。另一邊是農民大眾：眼見他們視為自己人的第一位政治領導人遭到這種待遇，他們或許並不驚訝，但無不憤憤不平。他們何必再聽城裡人向他們說什麼民主？

憑槍桿子造不出和解。團結不可能憑空而降。發動政變的主謀本身已經分裂；軍隊分裂了；國家現在比過去分裂得更嚴重。更何況事情似乎越演越糟。[3]

軍事執政團擁立普瑞姆的盟友素拉育．朱拉暖（Surayud Chulanont）出任總理。素拉育任命了一個二十六人內閣，成員大多數是元老官僚、學者、法官與退役軍官。泰國人很快就挖苦它是「老人內閣」，而且事實也證明它是泰國有史以來最差勁、最無能的政府。內閣陷於泥淖的同時，軍事執政團也越來越坐立不安，疑神疑鬼。將領們於是重建當年反共軍事組織「國內保安作戰指揮部」，意圖根除塔信的勢力。軍方領導人還困守著老舊過時的冷戰心態，他們對現代泰國並不真正了解，還以為老辦法可以解決新挑戰。他們鋪天蓋地一般，極力尋找塔信貪腐的證據，希望藉以扳倒塔信，但找了幾個月卻徒勞無功。

在新年除夕，曼谷附近發生幾起炸彈爆炸事件。三人被炸死，數人受傷。政府立刻將事件歸咎於塔信，但沒有提出任何證據，對事件的調查也查了半天毫無頭緒。鮑斯在一份名為「政變主謀們的夢魘」（Coupmaker's Haunted Dreams）的密電中，引用一名政界圈內人士的話說，軍事執政團領導人「晚上睡不安穩」。鮑斯說，「新年炸彈爆炸案案發以前，許多一開始支持政變的人已經信心盡失，越來越感到不耐；自案發以後，許多人似乎又怒又怕。」[4]在二〇〇七年二月的另一份密電中，鮑斯談到當權派的內鬥與無能：

泰國統治階級的作為，簡言之，就像一間擠滿學童、只有一位代課老師的教室一樣……這一切或許也帶來一個好成果：去年，我們聽到許多曼谷教育界人士抱怨，說西方式民主或許不適合泰國。他們渴望泰國能由受過教育的專業人士，不必透過靠黨派選舉贏得公職的腐化過程，也能進行所謂「賢人」治理。現在他們嚐到後果了，而這後果顯然並不理想。[5]

讓精英們更加心急如焚的是，他們發現蒲美蓬隨時可能駕崩，造成政治結構遽變。他們害怕塔信與王儲一旦當政，會對當權派展開報復。一名高級將領在二〇〇七年四月憂心忡忡地告訴鮑斯，他「不能排除被罷黜的總理重新主政之後挾怨報復，造成國家浩劫的可能性。」[6]

當權派為削弱塔信的勢力，還祭出拙劣的司法手段在五月間解散泰愛泰黨，並以二〇〇六年選舉期間舞弊為由，禁止所有泰愛泰主管在五年內擔任任何公職。這項判決特別難以讓人信服，因為它回溯既往、引用了一項在政變之後才訂定的罰則。二〇〇七年六月，軍事執政團對塔信發動又一波圍剿，沒收了塔信名下十七億美元財富。塔信也不甘示弱，高舉反獨裁爭民主聯合陣線（United Front for Democracy against Dictatorship）旗幟，在曼谷與全國各地組織群眾展開示威，即後來所謂紅衫軍（Red Shirt）運動。塔信模擬黃衫軍戰術，透過街頭政治挑戰現政府。塔信並且買下英國甲組聯賽球會曼聯（Manchester City）足球隊。麥卡高認為塔信這一招是「極度高明的公關妙招，因為泰國電視非常喜歡轉播這項英國國家運動，塔信雖說對足球仍然毫無興趣，但買下曼聯隊可以讓他繼續不斷在泰國民眾面前現身。」[7] 塔信出資在曼徹斯特市中心區辦了一場以泰國為主題、八千曼聯球迷與會的集會，他披上藍白相間的曼聯圍巾，以勝利者之姿踏上舞台，與全場球迷齊唱曼聯隊歌「藍月亮」（Blue Moon），更讓軍事執政團在這場與塔信的公關之戰中敗得慘不忍睹。

普瑞姆核心圈的當權派領導人越來越慌，於是發起一項抹黑王儲的運動，想讓王儲當不成國王。二〇〇七年年中，王儲妃斯莉拉斯蜜二〇〇一年在暖武里宮（Non-thaburi Palace）辦生日宴的錄影帶外洩。錄影帶中顯示，斯莉拉斯蜜一絲不掛、全身赤裸出現在無數朝臣眼前，王儲還在一旁得意地抽著煙斗。美國一封機密外交電文中指出，「宮廷圈內有人在積極破壞王儲妃仍然享有的支持，而且我們認為這股暗潮對王儲也有影響。」[8]

在精英密謀破壞王位繼承的同時，民眾對王室的信心也逐漸潰散。八月十九日，政府舉行取代一九九七年憲法的新憲草公民投票。投票反對這部新憲沒有用，因為精英為確保投票結果對他們有利，已經訂定規則，一旦投票結果反對新憲，政府可以從泰國歷史上選用任何一部憲法。一項軍方支持的巨型宣傳活動也打出「愛國王。關心國王。參加公民投票。支持二〇〇七年憲草」的標語，告訴泰國人，投票反對這部新憲就等於投票反對蒲美蓬。當局將新憲草印製成冊，加上代表國王顏色的黃色封面廣為發行。死灰復燃的國內保安作戰指揮部也配合這項宣傳，運用五萬名部隊在全國各地挨家挨戶、登門拜訪，要人民投「贊成」票。在曼谷，警方突襲一名著名民主運動活躍人士的辦公室，沒收反新憲的宣傳材料，包括印有「投票反對這部憲草並不違法」字樣的海報。一般而言都是塔信死忠支持者的曼谷計程車司機都接到警告，不得在保險槓上張貼「我接受乘客；不接受新憲」的貼紙。但儘管下了這麼大工夫，在這次公民投票投下的「反對」票票數仍占總投票數百分之四十二以上。這是相當驚人的結果。由於舉行民調簡直是匪夷所思的事實，想估計究竟有幾成泰國人真正尊敬國王很難。二〇〇七年這次公民投票很可能是最好的指標，它顯示支持尊王的人數，遠比當權派自以為的少得多。

二〇〇七年十月，蒲美蓬中風，在醫院住了將近一個月。樞密院副主席德．汶納（Tej Bunnag）告訴鮑斯，蒲美蓬在臥床期間明白示意，王儲是他選定的接班人。走漏的美國外交密電有以下一段描述：

> 德・汶納解釋說，國王非常想參加十一月五日舉行的皇家龍舟競賽。但由於他的健康狀況，宮廷官員準備了五項替代方案供他參考。但當他們把這些方案呈交給國王時，國王一口回絕了它們。據德・汶納說，國王當時說，「我不需要這些東西；王儲是我的代表。」……德・汶納說，宮廷圈內人士認為，國王說得這麼斬釘截鐵，是迄今為止，國王決心讓王儲保有王位指定繼承人身分最明確的一次表態。[9]

在十二月的大選中，塔信控制的人民力量黨（People's Power Party）贏得二百三十三席，距絕對多數已經不遠。民主黨只得到一百六十五席。當時即將履新的美國大使艾立克・約翰（Eric John）說，「二〇〇七年選舉提供了一個有效指標，說明宮廷影響力有限」：

> 在這次選舉選前期間，一些言之成理的傳言說，王后詩麗吉曾經積極設法，想阻止親塔信的勢力重掌政權。我們的看法是，這項圖謀所以失敗，或因為王室內部已經分裂，或因為宮廷在宣揚卻克里王朝扮演適當角色、不會干預政治的同時，欠缺有效向民眾傳達意旨的機制。[10]

經塔信選為代理人、現年七十二歲的極端保王派總理沙馬・順達衛（Samak Sundaravej）宣稱，「政變已經死了」。塔信於二〇〇八年二月二十八日結束流亡返回泰國，在成千上萬支持者歡呼與淚水中，拜服在曼谷素旺那普機場（Suvarnabhumi Airport）外的地上。這對舊當權派是毀滅性的重擊。塔信重新掌控了國會，哇集拉隆功仍然似乎前途看好，即將成為拉瑪十世。政變完全沒有達到任何成果：

> 經歷兩年的動盪不安，包括無數大規模示威、一次宣布作廢的選舉、一個看守政府、一場軍事政變、一個軍事執政團、一個臨時政府與一部新憲，我們大體上又回到我們在二〇〇五年的原點。挑起這場危機的議題仍然在那裡，沒有解決之道。法治以及民選官員的權責仍然沒有強化，金錢在政治過程扮演的腐化角色仍然沒有減輕，政治人物與樞密院等王室建制之間的關係，也仍然沒有澄清。經過一場策略性沉潛，導致這場政治危機的同樣衝突很可能再次重演。[11]

但不到幾個月，二〇〇七年籠罩著精英的那股沮喪與恐懼已經消散，代之而起的是一種令人目眩的狂熱鬥志。原因出在王后詩麗吉身上。自於一九八〇年代與蒲美蓬分道揚鑣之後，詩麗吉越來越走極端。自認為是十六世紀王后素麗瑤泰轉世的她，還在九十年代末期找來一位保王派親王，耗巨資拍了一部歷史電影《素麗瑤泰的傳奇》（*The Legend of Suriyothai*）。詩麗吉原本一直是哇集拉隆功最堅強的後盾，但在宮廷近侍與助理不斷進讒的情況下，她開始深信自己是一位戰鬥女王轉世，開始仇恨王儲。到二〇〇八年四月，她已經誓言將全力支持林明達的人民民主聯盟，並且決定將兒子從王位繼承名單上剔除，計劃在蒲美蓬死後擁立哇集拉隆功的幼子提幫功

（Dipangkorn）為王，而由自己擔任攝政王。這是一項有問題的計劃。不僅因為詩麗吉自己已經年屆七十有六，健康狀況也不比她丈夫強多少，而且蒲美蓬還毫無保留地極力反對。他與詩麗吉已經分手二十年，雖說他對哇集拉隆功甚為不滿，但蒲美蓬更不願讓詩麗吉成為他實質上的接班人。如果保王派真的尊崇蒲美蓬，蒲美蓬只要表示反對，就能讓這項接班計劃胎死腹中。但對精英而言，自保比原則重要得太多。沒有人理會蒲美蓬的反對。

這計劃如果想成功，至少得具備三項基本要件。首先，樞密院必須配合，這一點至關重要：如果蒲美蓬死前沒有除去哇集拉隆功王位繼承人的身分，樞密院仍然可以引用一九二四年宮廷繼承法第十條的規定，提出替代人選。宮廷繼承法第十條的規定如下：

> 繼承王位的繼承人應該獲得全國人民尊敬，人民應該樂於以他為倚靠。如果大多數人民對他有異議，他應該從王位繼承人選中除名。

其次，軍方領導人必須同意。軍隊如果反對干預王室繼承，他們會用武力鎮壓這項計劃。第三，根據泰國憲法，國會必須正式批准樞密院的決定，宣布新國王人選。想以發動政變、指派新國會的方式迴避這一點，在時間上辦不到，因為這項計劃另有一項關鍵要件，就是必須以決定性的速度執行。

樞密院完全可以配合——普瑞姆是這項破壞接班計劃的主謀，而他那些元老盟友無不痛恨哇集拉隆功。軍方領導人也支持不讓王儲繼位。問題在於國會。自二十一世紀開始以後，塔信在每一次選舉中都贏得國會主控權，甚至在條件極度不利的情況下都能取勝。有鑒於民主黨的無能，想改變這種情勢根本不可能。必須想辦法從塔信手中奪取國會才行。雖說這麼做將損及王室聲望，但當權派顯然並不在乎。儘管他們曾在二〇〇六年九月發動奪取國會控制權的政變，結果弄得灰頭土臉、一事無成，但當權派仍然決定推翻民選政府、奪取國會控制權，從頭再來一次。就這樣，泰國在二〇〇八年經歷了一種很古怪的現象：精英與曼谷中產階級在王后直接授意下，發動叛變，對抗他們自己的民選政府。黃衫軍運動越來越走極端，也越來越兇悍。麥卡高說，「泰國已經陷於『末代統治』的全國性焦慮之中，人民民主聯盟所以有那些讓人摸不著頭腦的表現與遊行行動，基本原因就在這裡」：

> 隨著時間不斷逝去，人民民主聯盟已經被自己的言論綑住手腳，無法與其他人溝通，當然更加不可能採取讓步或有所妥協了。黨核心領導人不事爭取更廣的民意基礎，只知根據林明達的定調，發表辛辣尖酸的談話，譴責一切批判、不同情黃衫軍行動的人。這種大吹大擂的姿態，使他們與原本可能支持他們的人漸行漸遠，也讓他們更加自以為是，認為只有自己說的才是實話，認為自己是個排他性的小圈圈，認為其他人不了解、不珍惜自己對國家的忠誠。這種自以為是的心態有很明顯的教派意味，而林明達自己的言論也越來越具有煽動性。[12]

五月二十五日，黃衫軍發動前往國會與政府大樓的遊行。遊行隊伍來到瑪卡挽橋（Makkawan Bridge）附近遇阻，於是就地建了一個永久性抗議集會場。一場持續一百九十三天、意在破壞政府治理能力、把社會攪得動盪不安的抗議行動就此展開。林明達開始提出建議說，百分之七十的國會議員應由當權派任命，民選議員只應據有百分之三十的國會席次，將他的反民主信念表露無遺。所以提出這項建議，用意就在讓塔信永遠無法控制國會，並確使哇集拉隆功無法繼位為王。

另一方面，法庭繼續做出打擊塔信陣營的審判。七月八日，最高法庭維持原判，認定塔信的一名資深盟友選舉舞弊。這項裁決意味，根據二〇〇七年憲法法規，人民力量黨可能面對遭解散的厄運。司法當局也更加賣力打擊塔信，宣判塔信與他的妻子朴乍曼（Pojaman）在二〇〇三年一件交易上貪污有罪。八月，塔信偕同妻子前往北京參加北京奧運會。會後兩人飛到倫敦，沒有返回泰國。塔信將一篇手寫的聲明傳真給泰國媒體，宣布他不會回泰國面對不公平的法律陷害。塔信就這樣正式展開流亡生涯。

當權派開始在幕後策動推翻政府，讓一個比較聽話的總理上台。當時一般認為最可能成為下任總理的保王派大老阿南・班雅拉春向美國外交官員承認，政變主謀人已經與他接觸：「我不能保證政權不會更迭，不過這一次不會是傳統的政變。」[13] 像二〇〇五／六年一樣，當權派與黃衫軍運動也面對同樣問題——大多數泰國人不支持他們。反塔信集團於是想盡辦法破壞政府法統，一方面設法挑起暴力過度反應，為政變尋找藉口。民主黨國會議員拉衣沙．春哈旺（Kraisak Choonhavan）告訴美國外交官，「人民民主聯盟希望挑起與警察的衝突，造成夠大的暴力事件與政府的過度反應，以引發軍事干預／又一次政變。」[14]

八月二十六日，人民民主聯盟在一波持續一整天的預謀挑釁行動中，攻擊、占領了政府大樓。八月二十九日，他們得寸進尺，迫使普吉（Phuket）、甲米（Krabi）與合艾（Hat Yai）等幾座省級機場關閉，封鎖重要的鐵路交通。數以千計泰國人與外國觀光客受困。九月，憲法法庭用一項判決扳倒了總理沙瑪。這項判決說，沙瑪由於不斷在一個電視烹飪節目中露面，儘管只得到些許象徵性酬勞，但仍然違反利益衝突法規。這項顯然不公的判決，進一步證明司法系統已經淪為精英打擊大多數人民民主意願的工具。塔信的妻舅頌猜．旺沙瓦（Somchai Wongsawat）於是獲任命繼任總理。

頌猜預定於十月七日在國會發表政策聲明。黃衫軍於是再次挑釁，希望引起對抗，為政變帶來合法藉口。根據一封走漏的美國外交密電，保王派大亨朱提南．必羅巴迪（Chutinant Bhirombhakdi）說，黃衫軍一名資深領導人承認，人民民主聯盟希望能犧牲二十條自己這方面支持者的人命，把衝突鬧大：

> 朱提南相信，人民民主聯盟仍然以挑起暴力衝突、引發政變為目標。他說，他在十月六

日與人民民主聯盟一名要員共進晚餐……這名要員向他透露，人民民主聯盟將在十月七日的國會抗議行動中挑起暴力。這名未指明的人民民主聯盟要員預測（結果錯了），軍方將在十月七日傍晚對政府進行干預。朱提南向我們斬釘截鐵地說，人民民主聯盟仍想挑起一場至少奪走二十幾條人命的衝突，讓軍方干預師出有名。[15]

十月六日夜，黃衫軍遊行到國會，用鐵刺網與機關、陷阱建立壁壘。帶著彈弓、鐵棒、高爾夫球桿與短棒的人民民主聯盟警衛，在示威群眾聚集區周邊巡邏。十月七日黎明，戰鬥展開。警方下令抗議群眾撤除封鎖，在遭到拒絕之後，警方發射催淚瓦斯彈。黃衫軍也向警方投擲乒乓炸彈與爆竹。過程中發生幾起異常強烈的爆炸。好幾十人重傷，其中幾人斷了手腳。示威者說這些傷害是催淚彈造成的，警方則堅稱黃衫軍引爆鋼管炸彈，造成這些傷害。雙方激戰一整天。黃衫軍駕著幾輛車，包括一輛大卡車，衝撞警方封鎖線。一名黃衫軍駕一輛小貨車故意將一名警員撞倒，之後還倒車再一次壓過這名警員。

當天下午，停在戰鬥現場外有一段距離的一輛Cherokee吉普車發生爆炸，曾任警察中校、也是一名黃衫軍領導人妻舅的人民民主聯盟民兵高官米希・查猛里（Methee Chartmontri）慘遭橫死。他被炸成碎片，一條腿仍在車裡，大部分肉體被炸到殘破的吉普車殘骸之外，他的兩手一直沒有找到。第二名死難者是二十八歲的安卡娜・拉達帕雅（Ang-khana Radappanyawut），是曼谷易三倉大學（Assumption University）商業行政系畢業生，是一家三姐妹的大姐。她在當天與同是黃衫軍成員的家人參加示威，在激戰中死於皇家廣場附近。炸彈炸開了她的左胸，撕裂了她的心臟、胃、脾臟、左腎與肝，炸斷她的左臂與左半邊所有的肋骨。

戰鬥結束後，當權派政治人物與反塔信的報紙想以聳人聽聞的手法處理這場暴亂，抹黑警方與政府。《國家報》以「曼谷浴血」（Bloodbath in Bangkok）為題刊出頭版報導；法醫病理學專家、著名媒體人彭提・拉加蘇南（Porntip Rojana-sunan）則說，她的調查顯示，警方不當使用催淚瓦斯因而造成傷亡。根據當權派說詞，這是獨裁政府以殘酷手段鎮壓和平抗議群眾的「黑色星期二」事件。陸軍總司令阿努蓬・保津達（Anupong Paochinda）於是要求總理辭職，說「流了這麼多血，沒有人可以戀棧」。[16]

但十月七日事件其實是反政府勢力刻意演出的一場血腥鬧劇，目的在創造條件、導致軍方干預。誠如美國大使館所說，在事件中極力滋事的是示威者，不是警方：在這一天大部分時間，是人民民主聯盟攻擊警方隊伍，並非警方攻擊民眾。警方的報告說，人民民主聯盟示威者在衝突中使用手槍、刀子與金屬棍，還將汽油灌進乒乓球，做成迷你莫洛托夫雞尾酒（即汽油彈）。[17]米希・查猛里在運送炸藥的過程中，因炸藥意外提前爆炸而死亡，他當時很可能正用雙手捧著炸藥——殘骸中找不到他的雙手，原因或許就在這裡。彭提的調查根本是一場騙局：她用的調查工具是一具GT200。GT200是一種偽造的炸藥探測器，它只是一個空塑膠盒子，上面裝了一個可以旋轉的金屬天線，沒有任何機械或電器零件，甚至連電源都沒有。它原是一種線上出售的新奇產品，用來尋找遺失的高爾夫球。但英國騙子賈利．鮑登（Gary Bolton）將這種成本不到五英鎊的探測桿重新包裝，冒充先進炸藥探測系統，以每具一萬英鎊的價格賣給外國政府與軍方。任何稍具基本科學知識的人，都知道GT200不可能探出什麼東西，但彭提極力宣揚GT200。直到這件醜聞在二〇一〇年曝光以後，大家才知道她是個騙子。美國大使館說，她為自己使用GT200而做的辯詞「令人費解，她的判斷近年來越來越光怪陸離，這是最新的例證」。[18]採訪這次暴力事件的外國記者尼克．諾斯蒂（Nick Nostitz）說，當權派為操控有關報導，玩了一場「煙霧與鏡子的遊戲」。[19]

事件結束六天之後，詩麗吉主持了安卡娜的火化典禮。數以千計黃衫軍在喪禮中高喊「女王陛下萬歲」的口號。喪禮過後，安卡娜的父親流著淚告訴記者，「女王陛下說我的女兒是個好女人，因為她幫國家維護了王權」。[20]極端派反民主勢力為推翻民選政府而故意挑釁，與警方對抗，而詩麗吉竟然明目張膽予以支持，令許多泰國人震驚。美國大使指出：

在為一名出身寒微的人民民主聯盟支持者主持喪禮時，詩麗吉王后……做了一項事實上大膽得史無前例的政治聲明。這名支持者在十月七日人民民主聯盟與警方的衝突中喪生。甚至一些接近王后的人士，也在私底下對王后這項政治色彩過於濃厚的作為表示不安，因為國王多年來一直倡導一種王室不干涉政治的概念，而王后此舉似乎違背了這種概念。在王后出面主持喪禮過後，有關褻瀆王室行為的民眾投訴顯著增加，其中許多似乎是衝王后而來的事件；近幾個月，人民力量黨政治人物在與我們私下談話時，表示他們對王后既畏懼又憎惡。王后在這個時候做出王權政治化表態，似乎為遲早總會到來的王位繼承問題帶來更多變數，一旦國王死後、必須重新詮釋王權角色時，這種表態很可能對保王派造成反撲。[21]

最高法庭法官在十月以貪污罪將塔信判處兩年徒刑，將他打成刑犯。另一方面，王后手法拙劣的政治干預以及黃衫軍那些怪異行徑，也讓一直痛恨混亂與不安的蒲美蓬困擾不已。老邁的蒲美蓬曾設法干預，釋出訊息，要黃衫軍結束它的對抗策略。像過去一樣，蒲美蓬沒有直接表態，但他指示他最信任的三個核心圈人士表達這項訊息。十月九日，詩琳通公主在美國舉行的一次記者會中，罕見地做了一次政治表態。在記者問到黃衫軍是否代表國王利益而行動時，詩琳通答道，「我不認為這樣，他們做的事只是為他們自己而已。」過了幾天，同樣在十月，蒲美蓬透過他兩名最親近的親信再次釋出訊息，表示他反對黃衫軍繼續搞顛覆的作法。這兩名親信分別是蘇美・丹提維庫（Sumet Tantivejkul）與迪沙松・瓦差羅泰（Disathorn Watchcharothai）。蘇美告訴抗議者「停止暴力，用對話謀取和平」。迪沙松的聲明更加直截了當：「如果你們愛國王，就回家去。我帶來的是國王的訊息。」[22]但黃衫軍領導人林明達不僅不理會國王，他還公開譴責蒲美蓬派出的這兩名信差。林明達對於他自稱尊敬的國王，竟膽敢如此大搖大擺、傲慢無禮，若非百分百確信自己擁有詩麗吉以及她在當權派的盟友為後盾，實在令人匪夷所思。數以百萬計泰國人口稱熱愛國王，甚至為國王效死也在所不惜，但蒲美蓬就連想說服抗議者罷手都辦不到。

十一月二十五日，數千名黃衫軍占據曼谷素旺那普國際機場。軍方袖手旁觀，沒有採取任何解除封鎖的行動。諾斯蒂說，「政府已經成為一個在自己國內流亡的政府，只在北部清邁省、總理頌猜的大本營所在地，在親政府部隊的保護下發號施令。保安部隊似乎已經不聽政府號令，軍方不肯與警方合作……內戰似乎極有可能成真，而且看來不出幾天就會爆發。」[23]國際機場遭封鎖的事件對泰國經濟與名譽造成重創，憲法法庭以二〇〇七年選舉違規為由，解散人民力量黨，禁止總理頌猜與人民力量黨其他要員參政。司法系統又一次在破壞泰國民主的過程中扮演關鍵性角色。

軍方對塔信的盟友施加龐大壓力，用胡蘿蔔與棒子兩手策略要他們叛離塔信陣營：一方面以巨額財務誘因勸他們倒戈，一方面要脅他們，除非他們換邊站，否則軍方將發動政變。有關談判以一個國會派系為焦點，控制這個派系的，是以貪污著名的陳乃溫（Newin Chidchob）。陳乃溫原先是塔信的盟友，現在他決定出賣塔信了。他打了一通電話給塔信說，「老闆，你已經玩完了。」[24]十二月十五日，國會選立阿披實為總理。二〇〇八年「無聲政變」於是完成。國會再次淪落舊精英控制之下。

第十二章

「把幸福還給人民」

——抗拒民主，破壞繼承

二〇一四年五月二十二日，泰國再次開倒車，淪入軍事獨裁。軍方於五月二十日深夜透過電視聲明，宣布實施戒嚴，但堅持並非奪權。兩天以後，軍方召集政治領導人舉行和平談判，並在政治領導人抵達會場時將他們立即逮捕。為了替這次政變找理由，軍方宣布政爭已經把泰國搞得無法治理，他們迫於不得已才訴諸干預，為的是拯救泰國走出大難，避免內戰。

軍方這說詞儘管荒謬，但不准人們批判，批判者違法。一些敢言的記者與學者被軍方拘禁，在軍事拘留所關了許多天。軍方在將他們釋放時還警告他們閉嘴，否則得面對牢獄之災。有些敢言之士寧可逃往國外，也不肯向軍方屈服。獨立的電視與電台關了門，軍事執政團甚至還將臉書封鎖了一小段時間。泰國人不僅不可以對這次政變表示不滿，還奉令必須對它表示欣喜。自封為總理的陸軍總司令巴育·占奧差（Prayuth Chan-ocha）開始在每週一次、名為「讓人民重拾歡笑」（*Returning Happiness to the People*）的電視節目中露面。《曼谷郵報》（*Bangkok Post*）有以下報導：

> 國家和平與秩序委員會（National Council for Peace and Order）副發言人詩麗欽·貢松（Sirichan Ngathong）上校說，巴育將軍將是這個節目的主題演說人，在節目中討論軍事執政團過去一週做了什麼事，並澄清公共關心的議題。
>
> 巴育將軍不會回答公眾提出的問題，電台與電視台有義務播出這個節目。[1]

軍事執政團宣布，巴育還忙裡偷閒，為一首新愛國歌曲寫了歌詞，頌揚軍方救泰國的決心：

泰國今天面對大禍將至之險。
火勢愈燒愈猛。
我們要當救火隊進場，再晚就來不及。
這塊土地很快就會好起來。
快樂會重返泰國。[2]

這次政變，是傳統精英多年來將泰國民主緩緩扼殺的終極之作。二〇〇八年將阿披實送上總理寶座的行動，沒能改善當權派的立場。阿披實政府從一開始就面對難以克服的治理正當性挑戰。在軍方支持的討價還價將他送進總理府以前，阿披實一直堅持想解決泰國政治僵局，唯一途徑就是舉行新選舉。在當上總理以後，他掌權近三十個月，卻沒有上過投票所、爭取民意授權。他公開表示痛恨人民民主聯盟的犯行，痛恨軍方干預，但讓人民民主聯盟與軍方把他推上仕途高峰。他以迂腐的法理說詞為自己的統治權辯解，對於泰國人因眼見民主表達意願遭到踐踏而表現的憤怒卻充耳不聞。安德魯．華克說，「他們的執政之路完全沒有榮譽可言」。他指出，阿披實的執政靠的是「一次軍事政變的協助，解散兩個黨，一部新憲法，偏激的司法審判，王室撐腰，一場極端民族主義危機，六個月持續升高的街頭衝突，軍隊的抗命，以及闖下經濟大禍的一次機場關閉。」[3]

阿披實在就職以後宣布對貪污「零容忍」，但這項政策宣示不過是做戲罷了。他把交通與電信部、商務部與內政部等三個部會交由陳乃溫與其黨羽控制，因為他的掌權依靠陳乃溫等人支持，而這三個部會正是最容易貪污、挪用公款、肥水最豐的部會。阿披實內閣盡是一些靠政治交易謀得職位的無能之輩。遭禁止參政的一名派系領導人的妻子拉暖樂．素旺查尉（Ranongrak Suwanchawee），當了資訊與通信部部長。她原本在沙瑪的政府擔任財政部副部長——同樣也是代夫從政。拉暖樂在她就任財政部副部長後舉行的第一次記者會中說，「我會努力學習一切屬於我職權範圍內的事。在獲悉這項任命以後，我曾上網際網路做了一番搜尋，了解財政部究竟幹些什麼事。」在阿披實內閣擔任商務部長的彭席瓦．那卡塞（Pornthiva Nakasai），因為開妓院而有商業經驗。美國大使約翰在報告中說，在第一次會見彭席瓦時，彭席瓦「從頭至尾都必須看著稿子唸」。[4]

二〇〇九年四月初，塔信決定透過群眾動亂推翻阿披實政府。在抗議行動一連幾天持續升溫之後，紅衫軍於四月十一日闖進芭提雅（Pattaya）買春客天堂區的皇家克里夫酒店（Royal Cliff Hotel），當時世界各國領導人正聚在酒店裡，出席一項國際高峰會。包括日本首相與中國總理在內，共有九位外國國家元首不得不逃上酒店屋頂，由直升機救走。這次事件對泰國政府是一大羞辱。為示有所因應，阿披實在曼谷發動鎮壓。四月十三日黎明前，全副武裝的軍隊不斷用自動武器向紅衫軍開火，還用了催淚彈。抗議群眾也以燃燒彈、彈弓與火箭還擊。但與一九七三與一九九二年不同的是，軍方鎮壓行動沒有讓曼谷輿論決定性地倒向抗議者。儘管軍方攻擊行動過於激烈，紅衫軍部分成員的暴力行徑也讓紅衫運動喪失相當民意。

二〇〇九年這次鎮壓使許多泰國人對當局更加仇怨、不滿。但阿披實與他的政府不了解平民百姓的憤怒。他們認為，紅衫軍不過是塔信在一場政治遊戲的馬前卒而已。這觀點倒也有部分真理：一封走漏的美國外交密電，引用塔信手下一名重要律師的話說，在這次對抗期間，塔信曾透過後門管道與精英接觸，想談判一項交易，但沒有成功。[5]不過阿披實政府這項觀點並不全面。紅衫軍以及眾多同情他們的泰國平民百姓，對當局的不滿於法有據、合情合理。而當權派對這一切不聞不問，不了解自己已經陷於嚴重的合法性危機之中。馬克・艾斯庫（Marc Askew）說得有理：「政府只是一味將責任推給紅衫軍，說紅衫軍製造暴力，而無意進行任何探討以了解支持紅衫軍的百姓為什麼有這麼大的政治怒氣。」[6]

幾天以後，王位繼承衝突公開爆發，讓王室形象進一步受損。阿披實屬意的警察總監人選遭到哇集拉隆功反對。原因是，哇集拉隆功為增加自己繼位的可能性，正意圖不露聲色地控制幾個關鍵機構。王儲已經說服陳乃溫的派系，以及一些民主黨要員，要他們支持他提出的候選人。民主黨幾位領導人於是向詩麗吉求助，希望藉詩麗吉的干預逼退王儲。因這件事而退出民主黨的王儲顧問尼潘・普拉番（Niphon Promphan）向美國外交官承認，「這項計劃中的干預對王儲與王室都沒有幫助」。[7]蒲美蓬只能坐視自己的妻子與兒子相爭，無能為力。他連自家人內鬨都阻止不了，更別提重建國家團結的大事了。他已經是一個寂寞孤單、風燭殘年的名義元首。美國一封外交密電說，「我們相信，國王表面上的影響力，事實上已經遠超過他控制事情的實際能力」：

在位幾十年、已經來日無多的國王，仍然受到廣大臣民的極度愛戴，而且就象徵意義而言，他仍然是泰國認同的中心棟樑。但儘管享有如此尊崇，擁有如此重要的象徵意義，根據他難得幾次插手的結果，他影響泰國時局的能力已經江河日下。[8]

二〇〇九年九月十五日，蒲美蓬前往詩里拉吉醫院進行例行體檢。他在第二天住院，接受進一步治療。官方人士告訴外國使節，國王身體狀況並不嚴重，但之後一天天過去，蒲美蓬顯然無意出院。他就這樣在詩里拉吉醫院一住將近四年。蒲美蓬何以這麼做仍是個謎，但美國大使館有幾個消息靈通人士猜測，他患了重度憂鬱。他或許也想藉此向臣民釋出一個訊息：由於泰國人相信國王就是泰王國的具體象徵，染病住院的國王意味著一個動盪、病重的國家。此外，無論事出有因還是空穴來風，他可能還相信有人想殺他。蒲美蓬在位期間一直疑神疑鬼，到二〇〇九年，精英——甚至是他的妻子——還真有意圖致他死命的理由是泰國必須在二〇一一年舉行大選，塔信極有可能再次贏得國會控制權。如果精英想讓哇集拉隆功當不了國王，蒲美蓬在大選以前死亡會方便得多。

在二〇〇九年年底到二〇一〇年年初之間，美國大使艾立克．約翰（Eric John）拜會了泰國幾位最有影響力的元老政治家，包括當年八十九歲的樞密院主席普瑞姆、九十歲的樞密院委員西提．沙衛西拉（Siddhi Savetsila），以及前總理、當年七十八歲的阿南．班雅拉春。這三人都騙了約翰，沒有吐露他們正積極設法破壞王位繼承的實情，但他們也都把哇集拉隆功批判得體無完膚。西提以「近乎期望」的口吻告訴約翰大使，「如果王儲能死，什麼事都可能出現」，或許詩琳通可以繼位為女王。泰國人對王室的支持一天不如一天，讓西提感到哀傷。他「指出，次要王族出門的護送車隊造成塞車，是一種沒有必要但揮之不去的煩惱」，而「王儲現在下令，路旁二樓窗戶在他的車隊駛經時必須關上，也徒然造成更多民怨。」[9]

二〇一〇年初，司法系統又一次動員展開對塔信的攻擊。最高法庭宣布，將於二月二十六日宣判是否應該沒收塔信遭凍結的二十幾億美元資產。塔信的支持者開始準備他們所謂的「最後一役」。但紅衫軍領導層在兩個議題上分歧越來越大。第一個議題是，在訂定策略的過程中，過於重視屬於塔信個人利益的狹隘事務。美國大使館的評語很中肯：「即將展開的這項抗議的時機與性質由塔信授意，著眼點是最高法庭二月二十六日有關他的凍結資產的宣判。」[10]第二個議題是，暴力抵抗是否可以接受。以兇悍著稱的將領卡迪亞．薩瓦滴蓬（Khattiya Sawasdipol）這時已經成為塔信核心圈舉足輕重的人物。他宣布將組建一支一千人的民兵部隊以保護紅衫軍。塔信的一名律師在與美國外交官的談話中，承認卡迪亞是「一旦在混亂的轉型期狀況中出現動亂，可能派上用場的『軍閥』」。[11]二月初，紅衫軍強硬派領導人在杜拜訪問塔信，並且在訪問結束後宣布將建立一支「人民軍」。其他紅衫軍領導人紛紛與這項計劃保持距離，但誠如美國大使館所說，「塔信肯與那些鼓吹暴力的人合影，說明只要能達到他的目的，他同意他們的辦法。」[12]顯然為示公平，也希望降低緊張情勢，最高法庭在判決中說，塔信的十四億美元資產應予沒收，不過塔信可以保有在出任總理以前已經擁有的約九億美元資產。但如果最高法庭這項看來像是妥協的作法意在安撫塔信，這一招並不管用。塔信發動又一次奪回政權的行動。

塔信的策略是造成血腥暴力的街頭衝突。在這個階段，血腥暴力已經成為泰國政治衝突常態。一支祕密民兵武力已經集結，混在紅衫軍中，準備以都市叛軍戰術騷擾、攻擊軍隊。卡迪亞是塔信民兵武力表面上的代表人，但他只是幌子——卡迪亞與他的民兵只負責防務，負責巡哨築壘、保衛紅衫軍陣腳。塔信真正的攻擊、挑釁武力，是成員主要是現役軍人、祕密組建的第二支民兵。軍方也已出現紅與黃的分裂，使情勢更加緊張，危機一觸即發。大多數高級將領支持詩麗吉，但許多中下層軍官與士兵相當同情紅衫軍。這些軍人有個外號，叫做「西瓜」兵：外表是綠的，內裡是紅的。不過，軍方的分裂還不只是紅、黃陣營對決而已。進入二十一世紀以後，來自「王后衛隊」（Queen's Guard）的一個派系把持了泰國軍方最高階官職。傳統上把持軍方高階官職、以曼谷為根據地的「天使派」（Clan of Angels），或稱「國王衛隊」（King's Guard），自然很不滿意。這兩派人馬的角逐與相互仇恨，反映了詩麗吉與蒲美蓬之間的關係，也使泰國的分裂更加危機四伏。在二〇一〇年四月到五月，這危機進入一個悲劇性新階段。

二〇一〇年紅衫軍暴動

二〇一〇年三月中旬，十多萬來自泰國北部與東北部的紅衫軍齊聚曼谷。親當權派報紙把他們說成是一群憤怒的野人。《曼谷郵報》三月十三日的頭版大標題是「紅風暴崛起，UDD（反獨裁爭民主聯合陣線）農村群眾湧向首都」。[13]三月間，紅衫軍陣營以及他們在曼谷各地的集會，彌漫著一股嘉年華會氣氛。數以千計曼谷居民走上街頭，為他們喝采打氣。但隨著日子一天天過去，幾處政府與軍方建築物遭到手榴彈攻擊。阿披實與紅衫軍領導人在三月二十八與二十九日舉行的談判，經電視實況轉播。這本是個好發展，只是由於之後出現的悲劇，現在它已經大體上為人淡忘。這項壽命短暫的發展，為泰國政治帶來迫切需要的透明度：這次前後兩天的談判，攤在全國民眾目光下進行，而不是由精英透過鬼鬼祟祟的暗盤交易決定國家命運。但塔信要的，不是那種讓每個人看起來都是好人的談判。幾天之後，塔信下令停止談判，令溫和派紅衫軍領導人扼腕不已。

四月三日，紅衫軍占據拉差阿帕森，把原本繁忙的首都市中心商業區變成一處臨時帳篷的聚落，裡面有小食攤、床位、商店與診所，四周還用輪胎與削尖了的竹竿圍成壁壘。許多年來，曼谷一直住了一大批來自泰國東北部赤貧之鄉依善的寮裔人口；這些寮裔泰人屬於曼谷社會低層，他們多半在市郊工廠出賣勞力，或當巴士、三輪摩托車、機車與計程車司機，或當打掃公司辦公室與有錢人住宅的清潔工，或在首都產業化的性工業做色情按摩院與酒吧服務生。曼谷比較富裕的居民每天都花錢買他們的服務，但從不把他們看在眼裡，直到突然間，他們控制了首都市中心區兩平方哩的黃金地段，才警覺他們的存在。對曼谷舊有當權派，以及越來越有錢、有影響力的中產階級來說，這是駭人聽聞的階級大逆轉，它破壞了基本規則，把特權階級的世界搞得天翻地覆。就像一九七六年學生在法政大學發動的那次群眾示威一樣，拉差阿帕森也成了一處秩序蕩然的地區，它不僅對傳統精英，也對中產階級已經分得一些特權地位的社會等級系統，形成極公然的挑戰。許多曼谷人認為自己的社會特權因此受到威脅而憤怒不已。

四月十日，軍方展開驅離行動，發射催淚彈與塑膠子彈，並動用水槍。抗議群眾則以鐵棍、木棒與石塊反擊。陸軍直升機投下更多催淚彈，遭到抗議群眾中不明人士舉槍射擊。下午四時左右，軍隊開始以實彈射擊示威者。但這次行動終於沒能驅散抗議群眾，而以失敗收場。天黑之後數小時，丁索路（Dinso Road）地區再度爆發暴力事件。當時兩名與詩麗吉核心圈關係密切的軍官遭到手榴彈伏擊。那名最高階的軍官與四名士兵一起遇害，他的副手受到重傷。事件發生後，士兵們發了慌，開始舉槍亂射，打死約二十個平民，包括路透社日籍攝影記者村本博之。投手榴彈造成這場血腥悲劇的人是誰，一直未經官方指證，但高層人士說，投手榴彈的是一些軍中不滿分子，他們因痛恨軍中派系鬥爭，而與紅衫軍一個極端派系合作。這個紅衫軍派系獨立運作，不受主流運動節制，一心一意只想挑起血腥對抗。

在四月十日暴力事件過後，紅衫軍放棄已經打得滿目瘡痍的拉差當能地區，把人馬集中在拉差阿帕森十字路口。另一方面，塔信的祕密挑釁武力已在倫披尼公園紮營，在夜間發動對軍警的攻擊。根據人權觀察組織（Human Rights Watch）的一項調查報告：

> 發動這些攻擊的不是紅衫軍衛隊，而是UDD內部一個祕密武裝單位，抗議群眾與媒體稱他們為「黑衫隊」（Black Shirts）或「黑衣人」（Men in Black），不過他們未必都著黑衣。
>
> 照片與影片捕捉到這些武裝分子與政府保安部隊衝突的畫面，畫面中顯示，他們持有各種軍用武器，包括AK47與M16攻擊步槍，還有M79槍榴彈發射器。[14]

這些武裝民兵使用都市游擊戰術，從和平示威群眾內發動打了就跑的攻擊，然後化整為零，隱身在群眾中。他們大多數身著軍裝式制服，或打扮得像抗議民眾一樣。他們讓正規軍人非常恐懼與困擾，這些軍人就算在遭遇他們攻擊時，大多數也從未見過「黑衣人」的長相。四月二十二日，塔信手下祕密民兵從倫披尼以發射迫擊砲的手法發射M79槍榴彈，擊中薩拉登高架輕軌（Sala Daeng Skytrain）車站，以及在是隆路（Silom Road）舉行的親政府集會，炸死一個人，幾十人受傷。四月二十八日，曼谷北方一條公路爆發衝突，士兵向蜂擁而至的抗議者發射實彈。一名軍人遭友軍誤擊死亡。

五月初，阿披實在電視演說中提出一項「和平道路圖」，建議在十一月舉行選舉，進行改革以解決社會不公，還同意做其他一些讓步，但條件是抗議者必須結束占領。無論對抗議者還是就常識而言，這都是一項了不起的勝利。但也因為這樣，雙方強硬派都無法接受這項成果。無論是塔信，或當權派極端分子，都不願互為讓步、和平解決問題。阿披實的讓步，讓那些與王后以及普瑞姆有淵源的鷹派將領惱怒不已。在對阿披實的建議做了幾點澄清以後，紅衫軍領導層暫時接受了他的建議，但之後由於塔信直接干預，紅衫軍領導層又開始提出新條件。塔信這麼做的用意，在於提出孤立阿披實、惹火黃衫陣營鷹派的要求，藉以破壞停火。這一招果然管用。五月十二日，阿披實說，由於紅衫軍沒有把握這次和平解決問題的契機，他撤回早先提出的讓步建議。紅衫軍宿營地區遭到斷水斷電。同時，塔信破壞和平協議的作法也造成紅衫軍領導層分裂，大權落入極端派領導人手中。雙方陣營的溫和派都遭強硬派擊敗。

五月十三日傍晚，卡迪亞．薩瓦滴蓬在紅營與一名《紐約時報》記者談話時，遭狙擊手開槍擊中頭部。幾天以後他死在醫院。軍隊從五月十四日起加緊箝制紅營周邊地區，暴力開始升溫。曼谷市中心區幾處地方不斷傳來槍聲與爆炸聲，焚燒障礙物燃起的縷縷濃煙遮蔽了晴空。人權觀察組織對當時情況有以下報導：

從五月十四日起，泰國保安部隊面對的示威群眾不但比過去更有組織，也比過去更加動輒使用暴力。主要由年輕男子組成的群體，現在公然在路障附近攻擊軍隊，特別是在本凱（Bon Kai）與粦鈴（Din Daeng）區，情勢尤其緊張。他們使用的武器包括起火燃燒的輪胎、汽油彈、用彈弓發射的金屬彈丸、威力強大的土製炸藥等等。這些在路障附近加入戰鬥的青年，大部分似乎與宿營區的UDD抗議群眾並非同路人。黑衫隊民兵在無數場合現身路障區，用攻擊性武器與M79槍榴彈發射器攻擊軍人。

軍方也於這時宣布新交戰規則，等於讓士兵可以射擊任何他們認為是「恐怖分子」的人：

人權觀察組織的調查發現，藏身在俯瞰抗議現場建築物中的陸軍狙擊手，以及守在路面防禦工事中的士兵，經常向既沒有武裝、對士兵或其他人也不具立即死亡或重傷威脅的抗議群眾開槍。很顯然，任何想進入UDD路障與軍方防線間「禁入區」的人，任何向軍隊丟石塊、汽油彈，或起火的輪胎的人，儘管距離遠得對軍方防線根本不構成嚴重威脅，都會成為士兵射擊的對象……

影音畫面與目擊者報告顯示，軍隊不斷向無武裝的抗議群眾開火，往往造成多人傷亡。[15]

五月十九日，軍隊突破紅衫軍路障，驅散抗議群眾。大多數紅衫軍領導人向警方投降。在之後幾小時的一片混亂中，幾十處建築物遭到縱火，特種部隊士兵從高架輕軌上開火，打死六名躲進巴呑哇那南寺（Wat Pathum Wanaram）圍牆裡面的人。巴呑哇那南寺當時本是一處避難所，用以庇護那些逃避暴力的人。軍方這麼大開殺戒讓人髮指，因為事件過程看起來就像他們根本是在故意殺人。開火的士兵說，巴呑哇那南寺圍牆前的武裝抗議分子首先向他們開火挑釁，他們因此還擊。士兵當時已經疲憊不堪，而且對抗的是幾乎看不見的敵人，也讓他們心慌意亂。最可能的解釋是，士兵當時對寺廟圍牆前一些真正的、或他們想像中的「黑衣人」胡亂開火，結果由於士兵置身高處，射得過高，子彈飛過圍牆擊中在寺內避難的人。這一切或許只是無能造成的悲劇。

這場暴亂歷時兩個月，最後的死亡數字是至少九十一人，一千八百多人受傷。

暴力事件終於結束，但沒有贏家。紅衫軍所提要求的合法性，以及抗議群眾的怨屈，由於塔信使用祕密民兵挑起對抗而遭破壞。數以百萬計的泰國人視阿披實為殺人犯，對阿披實政府深惡痛絕。人民對王室的崇敬也開始土崩瓦解。

二〇一一年八月，阿披實政府依約舉行選舉。民主黨的選舉策略暴露出，它的領導人對消息越來越靈通的泰國選民根本一無所知。民主黨領導人認為，泰國鄉下人是一群沒有受過教育的傻瓜，只要花錢就能買到他們的忠誠，而且這也正是塔信所以成功的關鍵。基於這種信念，民主黨領導人授意陳乃溫領導的榮泰黨（Bhumjai Thai），利用幾個關鍵部會聚斂的巨額財富在泰國北部與東北部大舉賄選買票。賄選買票在泰國選舉中早已不稀奇，沒有一個政黨不賄選買票。泰國選民也早已學會一方面來者不拒，一方面仍然投給自己選定的對象。軍方動員國內保安作戰指揮部「國中國」，向選民施壓，迫使選民投票給當權派所屬各政黨。陸軍總司令巴育．占奧差告誡選民要「選出好人……選出好而有禮、能為國家工作的人」。[16]泰國選民再次證明他們不傻，以壓倒性多數投票支持名義上由塔信的小妹盈拉領導的為泰黨（Pheu Thai party）。為泰黨贏得二百六十五席絕對多數，民主黨只拿下一百五十九席。陳乃溫的榮泰黨大敗虧輸，只獲得三十四席：大多數選民拿了陳乃溫的錢，卻仍然把票投給塔信。

塔信再次主控大局。如果蒲美蓬這時死亡，塔信可以運用國會封殺任何破壞王位繼承的企圖。塔信擔心軍方可能發動又一次政變推翻他的妹妹，於是與宮廷以及軍方溝通。軍隊高額的預算成為一筆沒有人能管的爛帳；政府避免干預軍方人事改組。褻瀆王室法的執行也依然雷厲風行，滴水不漏。

二〇一一年十二月，蒲美蓬慶祝八十四歲生日：他的第七個十二年人生周期。泰國籠罩在一片愁雲慘霧之中。洪水在大片地區氾濫成災。由於根據傳統說法，國王擁有控制水的神祕力量，許多泰國人因此認為，這場大水災是蒲美蓬權威已失的又一證據。那年十一月，當時六十二歲、已經當祖父的阿蒙・唐那帕庫（Amon Tangnoppakul），由於涉嫌發了四件侮辱王室的簡訊，被判入獄二十年：判刑之重讓大多數泰人震驚，也為國王生日慶典蒙上一層陰影。在生日那天，蒲美蓬坐在輪椅上出院，上了一輛福斯（Volkswagen）房車，駛往湄南河對岸的大皇宮。成千上萬泰國人穿著據說可以為國王添福加壽的粉紅色衣衫，揮舞著國旗與國王的照片，夾道為國王車隊歡呼。蒲美蓬身著華服，坐在一張黃金寶座上，在妻子與四個子女簇擁下，從王宮陽台對集結在下方天井中、侍立驕陽下的政治人物、將領、以及政府官員發表一篇簡短演說。他顫抖著雙手握著一張講稿，以孱弱的聲音支吾地唸著，說的還是他幾十年來不斷反覆的老套：要泰國人團結，克盡職守。這幕可悲的景象象徵泰國傳統精英已經日暮西山。

塔信嗅到了勝利。他認為，他的安撫軍方與當權派的策略能說服他們，讓他們同意他重返泰國。塔信的律師諾帕多・巴達馬（Noppadon Pattama）在二〇一二年三月接受《普拉差報》（*Prachachat*）訪問時說，「他們或許將塔信或為泰黨視為對保守派的生存威脅。但塔信無意改變這個國家的權力結構。所以我們要他們放一百個心。」記者問道，塔信打算怎麼向他們重申保證，諾帕多答道，塔信「會向他們顯示，我們不會威脅他們現有的地位。我們不會做任何影響國家主要建制的事。我們不會野心勃勃地改變國防法（Defence Act），不會干預軍方改組，也不會修正刑法第一百一十二條」。諾帕多說的沒錯：塔信不打算改變權力架構。他要讓自己登上現有階級架構最頂端，在哇集拉隆功繼位的情況下，以總理之姿主宰今後幾十年國務。

在二〇一二與二〇一三年，塔信的黨不斷想方設法為塔信爭取赦免，證明為泰黨主要為的其實是塔信一己之私。當權派則運用他們對國家機構的控制對塔信進行反制，一方面想辦法挑起街頭暴力，希望藉以觸發大規模暴動或政變。就這樣，兩個沒有原則的精英派系拋下治國要務不顧，全力展開赤裸裸的權力鬥爭。塔信為了讓自己重返泰國而訂的第一個計劃，涉及一些「修好」建議，其中包括兩項極具爭議的要件。第一項要件是全面赦免涉及二〇一〇年（甚至可以追溯到二〇〇六年）政治暴力事件的犯人：這項建議讓紅衫軍大怒。第二項要件是，發動政變掌權的軍事執政團對塔信的一切貪污指控全部無效：這項建議讓所有其他人大怒。塔信認為，為反對他的人提供赦免，能讓他們也投桃報李，放棄對他的刑事檢控。二〇一二年五月十九日，數以千計紅衫軍在曼谷市中心拉差阿帕森集會，紀念兩年前的血腥鎮壓事件。塔信透過視訊連線，向紅衫軍的大力相挺致謝，還說他現在不再需要他們，讓紅衫軍惱怒不堪：「我們今天已經走到我們這趟旅程的終點。就好像人民划著船把我送上岸邊一樣。從今天起，我要登的是一座山。想登這座山，我必須上一輛車。人民不必用肩扛著船，把我送到山頂。」

塔信不了解精英早已下定決心，不讓他重返國門。黃衫軍恢復群眾示威活動。另一方面，原訂考慮「修好案」的國會會期也遭民主黨破壞，無法進行。六月一日，人民民主聯盟封鎖國會，迫使修好法案一讀的會期暫時休會。當天稍後，法庭又做出一項站不住腳的判決，下令國會暫時擱置擬議中的修憲法案，因為法庭必須先行裁決這項修憲案是否有損「以國王為國家元首的民主」。在這種顯然有預謀的街頭抗議、民主黨杯葛、以及司法干預三面合擊行動下，塔信與為泰黨只得屈服，壓下修好法案與修憲法案。當權派這些不肯讓他登上政治頂峰的手段讓塔信大驚失色，他立即跳回紅衫軍為他撐的那艘船。六月二日，塔信透過視訊連結發表演說，為他早先那篇「不完整的訊息」致歉，並且譴責精英的雙重標準。

二〇一二年七月，蒲美蓬與詩麗吉都出現嚴重健康危機，使他們再也無力在泰國政局中扮演任何積極角色。蒲美蓬又遭了一次輕度中風；治療過程中引發蛛網膜下腔出血。詩麗吉趁機展開行動，想自封為攝政王，但在七月二十一日，她也遭了中風，在詩里拉吉醫院不支倒地，之後她有好幾天既不能行動也無法說話。情況很快明朗：詩麗吉已經嚴重喪失行為能力，醫生說她永遠無法完全康復。她不能走路，言語也含糊不清。在當權派對抗塔信與哇集拉隆功的鬥爭中，她再也不可能承擔任何重要角色。在這種情況下，她的攝政王夢想簡直匪夷所思。她的整個計劃就此解體。

二〇一三年，雙方陣營再次較勁，試圖在二十一世紀的泰國取得主控權。在安撫當權派的計劃失敗以後，塔信運用特別調查部（Department of Special Investigation，相當於美國聯邦調查局）的力量，對反對黨領導人阿披實與素貼發動法律攻勢，希望嚇阻民主黨人，讓他們不敢再反對赦免案。另一方面，傳統當權派也開始摩拳擦掌，準備再次破壞選舉民主，推翻華裔泰人商界精英用巨額獻金支持的盈拉政府。他們計劃在年底發動政變，推翻這個民選政府。在詩麗吉喪失行為能力以後，傳統精英改變原方案，打算一旦蒲美蓬去世就擁立詩琳通繼位，或擔任女王，或擔任攝政王。在國王與王后都已住院、無力與外界接觸的情況下，寡頭領導人很難以王室支持為藉口，推動他們的計劃。他們於是製造一種假象，讓手下網絡以及全國人民相信蒲美蓬與詩麗吉仍然結合在一起，也仍然主控大局。七月底，宮廷官員宣布蒲美蓬夫婦病情都已大幅好轉，都已不再需要住院治療。詩麗吉稀疏的白髮染黑了，還戴上一段假髮讓她顯得更齊整。八月一日，工作人員將蒲美蓬夫婦送上一輛福斯房車，駛離詩里拉吉醫院，前往華欣海邊的夏宮。兩人顯然都已衰老不堪，茫然不知身在何處。揮著國旗、迎候在車隊駛經路線兩旁的泰國百姓，原指望一片歡欣，見到的卻是國王與王后木然望著車窗外、空洞而呆滯的眼神。詩麗吉機械般揮著左手，顯然右半身仍然麻痺。詩里拉吉醫院的醫生向媒體謊稱蒲美蓬夫婦都可以自行行走，無須攙扶，所以坐輪椅離開醫院上車，為的只是替兩人節省體力，以防萬一。這整個過程無非是精英榨取宮廷、為自己爭取假法統的一場鬧劇罷了。當天最讓人揮之不去的印象，是照片中詩麗吉半張著嘴、表情僵硬、惑然不解望著窗外的樣子。

塔信也在這時被誘入一個陷阱。透過後門管道，塔信誤以為當局願意接受讓他得以回國的赦免案。十一月一日凌晨四點，在一連用幾個行動擊敗民主黨的破壞戰術之後，為泰黨憑藉它在國會的主導地位通過一項赦免法案，全面赦免所有涉及二〇一〇年四月與五月鎮壓事件的官員與軍官，還將塔信的二〇〇八年貪污罪一筆勾銷。這是一步災情慘重的錯招。這項擬議中的赦免案遭到泰國政壇上下同聲譴責，並且造成曼谷中產階級暴怒。成千上萬民眾穿上紅、白、藍泰國三色旗的衣物走上街道，還吹著口哨象徵他們對政府的蔑視。眼見眾怒難犯，盈拉放棄了這項法案。但抗議沒有因此結束。當權派不僅志在不讓塔信獲得赦免，還想推翻民選政府、停止民主運作，讓他們可以永遠控制國會，以便在蒲美蓬去世時破壞哇集拉隆功繼位。

民主黨的素貼．特素班成為這一波抗議運動的代表人。選他出來領導一項要求清廉治理的運動，很讓人感到哭笑不得。在泰國為嘉惠農民而於一九九〇年代推動土地改革期間，素貼濫用土改條款，不但沒有造福農民，還讓普吉的有錢人家變得更加富裕，結果引爆一場醜聞，在一九九五年拖垮政府。二〇〇八年走漏的一封美國外交密電說：「幾名民主黨人曾私下向我們抱怨，說他在進行貪腐與不道德的勾當。」[17]但突然間，在中產階級支持者喝采下，泰國這名臭名遠播的政客浮上台面，誓言肅清泰國政治、滅絕貪污。只有在觀察王位繼承問題之後，才發現這項發展其來有自：抗議人所以抗議，主要為的不是對泰國政界貪腐成性的深惡痛絕，而是因為他們害怕塔信與哇集拉隆功即將取得國家主控權，黑暗時代將至。傳統精英的策略這時已經基礎穩固：就像在二〇〇六與二〇〇八年一樣，他們運用街頭抗議、國會抵制與司法干預破壞政府。二〇〇八年，泰國政府推動讓參議院恢復完全民選（泰國自二〇〇六年政變以後，參議院改為部分官派）。十一月二十日，憲法法庭做了一項最令人稱奇的裁決，判定政府這項行動違法。法官說，民選參議員的作法有損民主，因為它會使「政治階級」控制參議院。十一月二十五日，抗議者衝進並占領曼谷幾座政府辦公樓。他們的挑釁在之後幾週變本加厲，但由於警方自律，也由於政府極力避免對抗，抗議領導人「煽動大規模對抗、造成軍方干預藉口的圖謀」未能得逞。

自二〇〇五年以來，每一次黃衫軍運動都面對一個解決不了的棘手難題，這一次也不例外：大多數泰國人不支持他們。黃衫軍運動自稱代表泰國人民，但卻是一種反民主、無力贏取選戰勝利的運動。為掩飾這種令人不快的事實，他們極力誇大參與抗議集會的人數，硬說每次集會總有好幾百萬人走上街頭，但根據大多數國際媒體估計，黃衫軍運動抗議人數從未超過二十萬，而且一般而言遠遠不及這個數目。就像二〇〇六年發動政變的軍事執政團用的那套伎倆一樣，黃衫軍運動也採用不同的英文名與泰文名，一方面向國內民眾強調他們自稱的尊王意識，在面對外國媒體時則設法隱藏衝突中涉及王室層面的議題。這一次黃衫軍運動，在泰國人面前自稱「人民以國王為國家元首的絕對民主委員會」（The People's Committee for Absolute Democracy with the King as Head of State），而英文名則是The People's Democratic Reform Committee（人民民主改革委員會）。民主黨說自己與黃衫軍運動無關，但繼續積極破壞國會民主，然後說民主在泰國行不通。十二月八日，國會所有一百五十三名民主黨籍國會議員集體辭職。第二天，政府決定與民主黨攤牌，宣布提前在二月二日舉行國會改選。

這使阿披實的民主黨與素貼的抗議運動處境十分尷尬。他們知道自己不可能在選票上取勝。素貼打出「先改革後選舉」的口號，要求政府立即下台，由一個非民選的「人民委員會」（People's Council）取而代之，執政十二到十八個月，進行全面政治改革。直到改革完成之後再舉行選舉。至於究竟應該推動什麼改革，抗議運動提不出任何有意義的建議，只說必須先打垮「塔信主義」，之後由長老組成的一個委員會自然能擬出計劃細節。這是自一九三二年以來，每一個意圖扼殺泰國民主的團體都曾提過的空洞諾言——他們要進行改革，建立真正民主。但這些諾言從未兌現，而今天大多數泰國人也很清楚，素貼絕不是兌現這諾言的人。

阿披實宣布民主黨將抵制這次選舉——自他擔任民主黨黨魁以來，這是民主黨第二次拒絕參加投票選舉。當權派說，它所以排斥民主選舉，是因為窮人總是把選票投給塔信控制的政黨。抗議領導人、泰國獅標啤酒（Singha beer）家族成員之一的奇帕絲．碧羅巴迪（Chitpas Bhirombhakdi）說，泰國人缺乏「對民主的真正了解……特別是在農村偏遠地區，情況尤其如此。」[18]但這種說法早就遭到駁斥：帕蘇與貝克指這種說法「荒謬到危險的地步」。[19]沒有證據顯示買票能決定性地左右泰國選舉結果，而且有充分證據顯示，買票對泰國選舉結果一點影響也沒有。但在街頭吹哨子的抗議人對道理或證據根本不屑一顧。死忠支持者與抗議運動活躍分子一心一意，只想以暴力手段顛覆選舉準備工作。素貼宣布，將從一月十三日起發動大規模抗議「將曼谷關閉」，阻止選舉。國家機構也加入抗議陣營，意圖推翻政府：國家反貪污委員會（National Anti-Corruption Commission）開始透過各種管道彈劾執政黨成員，選舉委員會（Election

Commission）也放下選舉工作，要求延後選舉。蒲美蓬夫婦四個子女中年齡最小的朱拉蓬公主，開始在社交媒體上公開支持抗議者，進一步腐蝕泰國人民對王室的支持。

反政府運動這種明目張膽的反民主目標、他們的暴力戰術、以及他們揚言封殺選舉等等，都造成他們在泰國國內支持率的重挫，以及國際輿論對他們的撻伐。以群眾抗議方式關閉曼谷的計劃最終以失敗收場：參與抗議的人數遠不如預期，大多數中產階級抗議人開始退出行動。不斷縮水的抗議群眾主要來自泰國南部，而他們參加抗議是因為他們領了「抗議費」。為爭取一些民心，素貼還出了一個蠢招。他在一月二十四日發表一封致美國總統巴拉克・歐巴馬（Barack Obama）的公開信，說泰國政府是一個「獨裁政權」，還說「代表整個泰國的數以百萬計人民已經奮起反抗」。但素貼的反政府運動積極破壞民主選舉，很顯然根本不能代表泰國人民，他的這番作態當然一點意義也沒有。一月二十六日，一些前往投票所進行提前投票的選民遭抗議人攻擊，素貼的反政府運動更加惡名昭彰，也比過去更加孤立，更遭選民唾棄。即使是那些過去從不把投票真正當一回事的泰國選民，這時也義憤填膺，認定那些反民主抗議人意圖奪走他們的權益。儘管當權派動用暴力威脅、封鎖投票所、讓選舉官員缺席等等各種招數破壞這次選舉，二月二日這天，仍有兩千多萬泰國人投了票，占選民總數百分之四十八。想投票的人其實更加多得多，只不過他們的投票所遭到封鎖或關閉，無法投票而已。

在選舉順利進行的選區，初步開票結果顯示，盈拉的為泰黨輕鬆取得足夠席位，仍是主導政府的政黨。但破壞與阻撓投票的事件讓幾個省分——特別是泰國南部幾省——的選舉無法完成，泰國於是陷入一場憲法危機。盈拉仍然以總理身分主持看守政府，但泰國缺乏一個合法民選的政府，投票什麼時候才能完成，甚至會不會完成，都是一個問號。

同時，負有保衛泰國民主重責大任、理應保持中立的國家機構，這時也採取行動，以蠶食的手法摧毀泰國民主。二〇一四年三月二十一日，憲法法庭宣布這次選舉因為不能在一天之內完成，所以選舉無效，立場超然的法律專家一般都認為這項判決荒謬無稽。五月七日，憲法法庭以盈拉在二〇一一年將國家安全會議（National Security Council）主席解職為藉口，用又一項站不住腳的判決判定盈拉濫權，迫使盈拉辭職。幾名內閣部長也奉令下台。不過為泰黨看守政府仍然主政。當權保王派重創了看守政府的治理能力，但儘管不斷以憲法騙術發動攻擊，始終無法以致命一擊打垮整個政府。街頭抗議未曾停歇，但也無法讓政府解體。於是，就像泰國歷史上反覆重演的那些鬧劇一樣，現在只有軍方才能發動致泰國民主於死地的最後一擊了。在五月二十二日發動政變奪權以後，軍事執政團宣布，泰國可能要許多年以後才能再次舉行選舉。

為了讓政變取得一些荒謬的合法性，軍事執政團堅持，由於各黨各派政界人士的立場無法釐清，民主在泰國根本行不通。軍事執政團說，他們必須無限期停止選舉，才能進行不特定政治改革。但事實上泰國的民主並沒有失敗。它只是在軍方默許下，遭到傳統當權派與素貼極端街頭運動刻意破壞罷了。這些搞破壞的人運用陰謀讓泰國無法治理，然後以他們本身造成的這些混亂與衝突為藉口進行奪權，讓泰國選民無法行使他們的民主權利。偏執、獨裁而殘酷的軍事執政團於是奪權，無限期把持政府，以確保他們在蒲美蓬去世時可以控制王位繼承。軍方提不出任何證據，證明衰老、多病的蒲美蓬支持他們政變，甚至連蒲美蓬是否知道泰國發生的這些事都是一大問號。泰國已經成為一個悲哀、孤立而且分裂的國度。泰國人既揮不開過去的夢魇，又對未來的前途提心吊膽，他們只能坐立難安地守著，等著這位無可奈何、油盡燈枯的老王終將來到的大限。

後記

「打開燈光，驅走惡鬼」

——泰國的前途

蒲美蓬・阿杜德死了以後，根據十五世紀有關皇家喪葬儀式的宮廷法，佛教高僧將用九片鐫刻有經文的金葉，置於他遺體的九個重要部位。他的家屬與皇家衣櫥部（Royal Wardrobes Department）人員，將為他的遺體穿上絲衣——包括手套、襪子與一頂帽子——還有「沉重的金手鐲、腳鐲、戒指，以及一副金面具……象徵一位神明光彩照人的面孔」。他的嘴裡還要含一個金鈴。他的遺體在平放一段時間以後將改成坐姿：

> 軀幹抬了起來，兩手手掌用一個鐵夾對夾在一起，下巴用楔子撐著，兩膝抬高與手齊，綁縛成一種坐姿。然後將這麼坐著的遺體放在十六塊長條形棉布上，每一塊棉布頂端都抬起來，在頭顱的上方打成結。[1]

蒲美蓬個人的王冠會戴在他的頭上，「一條沉重、鑲了鑽的金項鍊」圍在他的脖子上。之後，「死去的國王……身著他一生從未穿過的、最華美的盛裝」由工作人員放進一個「銀質、蓋子可以密封」的內甕裡，之後再將內甕置於一個八角形外甕，這外甕「富麗堂皇，由黃金打造，飾有九顆寶石，頂端像金字塔塔頂一樣逐漸變細」。之後外甕抬進大皇宮，擺在靈柩上，上面罩一頂九層白傘。國王的遺體就這樣擺在甕內，一連幾個月或幾年，一面由僧侶無分晝夜在一旁唸經，每逢用餐時間，宮廷主廚還會準備蒲美蓬生前愛吃的菜，擺在靈柩前。在每週一定的幾天，靈柩會開放幾小時供平民百姓前來瞻仰。[2]當局會宣布國喪期。根據美國大使館的報告：「公共慶祝活動一定會取消，大多數泰國人會認為，至少在國喪期初階段不宜參加音樂會或其他娛樂活動。」[3]直到拉瑪四世統治期間，所有泰國人在國王駕崩之後的國喪期間都必須剃光頭，不過這規矩早已做古。隨著國王屍身腐化，屍液會逐漸從甕內滲出。卡里奇．威爾斯在他有關王室防腐處理術的紀錄中，談到這個問題的解決之道：

> 內甕基座是一種鐵質格柵，外甕鑽了一個眼，接上一根銅管，這銅管穿過靈柩中空處插進一個盛屍液的金質瓶子。靈柩面西的一側開了一扇小門，工作人員每隔一天就從這扇小門進入靈柩內收取屍液，換一個金瓶，直到大約死後兩個月、屍身已乾，不再有屍液由銅管滴下為止。[4]

一座象徵佛教聖山須彌山的巨型火葬柴堆，將在大皇宮邊的王家田公園建立。在過去數百年間，當局會在柴堆周遭設許多臨時性建築物，包括「一座巨型休閒廳，除了最下層階級的賤民以外，每個人都可以入內免費享用食物與飲料；還有施放爆竹、以及各式各樣餘興與雜耍節目的攤位」。但根據威爾斯的說法，「為遵循拉瑪五世國王的旨意，除休閒廳以外，其他一切休閒娛與設施都已廢止，因為拉瑪五世認為皇家葬禮應突顯哀榮，而這類慶祝活動與這一點不搭調。」

在指定的火葬日，國王的遺體將從甕內移出，身上所有服裝與金飾都將移除。威爾斯寫道，在過去幾次火化過程中，「只有骸骨留下來，如果這些骸骨散落，工作人員會將它們以人體骨架形式重新排列」。在用椰子水洗淨以後，工作人員會用一塊白布把遺骨綁在一起放回內甕，將內甕置於一個轎子，抬上「大柩車」。大柩車是一輛有車輪、由侍從人員牽動的車子。由軍人、宮廷官員與親王們組成的巨大隊伍，在海螺殼號角聲中伴隨著甕走到火葬柴堆。工作人員然後把甕放在柴堆上，由新王於日落時點燃一支象徵性火把。在這一刻「禮砲齊鳴，喇叭手吹響喇叭，開始演奏國歌」。晚間十時左右，工作人員讓柴堆頂端燒著的那把象徵禮火向四面擴散，將整個柴堆燒起來。第二天上午，聖水澆在骨灰上，骨灰「大體上擺成人形，頭向著東方」，然後「攪動骨灰，讓頭轉向西方」，最後再攪動骨灰，讓頭再次面向東方——象徵「太陽的東昇、西落與再次東昇」以及「生、死與再生」。蒲美蓬的骨灰經過蒐集、香料處理之後會保存起來。這整個繁文縟節，目的就在顯示皇家的莊嚴偉大，製造國王永遠不會真正死亡的假象：

> 皇家火葬典禮要盡可能盛大，越鋪張越好，這一點特別重要，因為國王是神祇化身這套理念，最難克服的一道難關就是國王會死。國王之死直接打擊這整個概念的根本，讓人民對國王是神的說法產生疑慮。直到不久以前，對於國王會不會像凡人一樣死亡的問題，泰國人民甚至連想都不敢想。現在隨著西方教育擴散，以及現代批判精神與共產主義陰影的影響，皇家火葬典禮扮演的角色比過去更加重要，因為它讓泰國人覺得國王沒有死，他只是進入更高一層的天界當了菩薩，為世上眾生謀福而已。[5]

蒲美蓬死後的喪禮與火化儀式，與幾世紀以前阿瑜陀耶王國舉行的儀式不會有什麼不同。泰國今天的危機，與那出現在遙遠過去的危機也相差彷彿。

在整個泰國史上，國王將死總會引發統治精英之間的衝突與鬥爭，因為精英無不卯足全力、想讓自己能控制的人登基。當權派拚命阻撓哇集拉隆功成為拉瑪十世的過程，正是泰國自二〇〇五年以來精英政治的主軸。塔信與王儲聯手、運用王室資產管理局的龐大財富在泰國進行轉型，以新統治階級取代傳統當權派的遠景，讓原本統治泰國的寡頭們心驚膽戰。蒲美蓬在位幾十年來，一直是身段柔軟、大體上沒有實權的國君，他一般而言只是聽命行事。但與塔信聯手的哇集拉隆功，很可能與蒲美蓬大不相同。一旦哇集拉隆功繼位為王，老派精英不再能運用宮廷內部交易與皇家眷顧維護他們的支配權。他們不僅再也無法透過王室資產管理局取得經濟優勢，也因為疏離宮廷而不再得享舊有社會地位與政治影響力。塔信如果能夠成功將哇集拉隆功送上國王寶座，當然指望能獲得豐碩報酬。像他的競爭對手一樣，塔信也將王位繼承視為生死存亡的大事。塔信與舊當權派正進行一場殊死之爭，但他們為的是一己之私，不是泰國平民百姓的願望。雙方都以挑撥殺戮與製造混亂為策略。雙方都有系統地破壞法治，都設法拉攏本應嚴守中立的國家機構。至於這麼做可能對國家、社會造成多大附帶損害，似乎沒有一方在意。持續多年的衝突已經重創泰國經濟，大多數泰國人民的生計因此備受折磨。泰國已經深陷兩極化困境，家人與鄰里因此反目成仇。平民百姓的權益一再遭到剝削。

精英的王位繼承之戰，一直打到蒲美蓬去世都不會停火。交戰雙方幾乎不可能以任何協議或妥協方式結束這場危機，因為任何一方都不相信對方會在新王繼位以後遵守諾言。與塔信、哇集拉隆功聯盟相爭的精英派領導人，現在已經沒有退路。他們已經投入全部身家，而在這場衝突敗北的人必將遭勝利的一方無情報復。泰國問題專家柴拉・夏辛─奧拉（Chairat Charoensin-o-larn）說得好，泰國政治已經「走過了和解點」：「每一方都在等待適當時機，準備一旦時機到來，發動全面戰爭一舉剷除這場衝突的另一方，以建立霸權。」[6]而且只要蒲美蓬仍然活著，泰國局勢仍將持續動盪。美國大使艾立克・約翰在二〇〇八年提出警告說，「直到蒲美蓬國王去世並導致王室在二十一世紀泰國的地位重新定位，泰國目前的政治動亂很可能持續多年。」[7]瑞士信貸銀行（Credit Suisse）在二〇一四年一月提出的一篇研究報告也預測，「街頭抗議與政府的不斷更迭，可能還要在政治大環境中肆虐多年。」[8]這些悲觀的預測很實在。泰國的中程前途看來極端黯淡。

千年來造成東南亞諸王國興衰的同樣勢力，也同樣影響著二十一世紀的泰國。統治精英的權力鬥爭，已經大幅削弱曼谷中央集權的架構，為王權帶來一場法統危機。泰國南部馬來裔回教社區的叛亂與抵抗情勢已經加劇。在泰北蘭納古國以及東北部依善地區，王位繼承問題的討論正不斷升溫。兩萬多個農村社區已經自稱「紅村」，誓言向塔信效忠。這些社區的村民僅僅在十年以前，絕大多數還都是死忠保王派，如今情勢已經不變，他們開始公開批判王室了。這個曼達拉國正在縮水。泰國正打從邊緣起開始解體。

自二〇〇六年以來，泰國傳統精英已經為他們自己、也為他們的國家闖下一場又一場大禍。他們以鎮壓民主的手段破壞王位繼承，已經造成數以百萬計泰國平民百姓的憤怒與憎惡，但他們似乎打算繼續推動這項為禍巨大的策略。他們始終不了解一點：如果不斷剷除民選政府，泰國平民百姓遲早會因為不肯坐視自己的權益一再遭到否定、不肯坐視自己投下的選票不斷遭到漠視，而發動全民暴動。二十一世紀泰國的人民不會不經一戰，就乖乖放棄民主，任由精英擺布。

軍方當權、封殺自由而公平選舉的時間越久，大規模群眾暴亂爆發的危險性也越高。面對越來越不滿的平民大眾，精英想讓全國百姓順服自己的意願，唯一途徑就是使用武力。泰國精英中的強硬派對這個議題十分熱衷。二〇一三年發生在開羅的事件更讓他們躍躍欲試：埃及軍方在這次事件中證明，甚至是在社交媒體與全球新聞報導關注下，軍隊只要夠狠，只要不理會國際輿論，仍然可以鎮壓平民的反抗。但有鑒於泰國軍方內部的意識形態與派系紛爭，軍方是否願意、是否有能力為舊當權派的霸主地位撐腰，都是大問號。百年來，泰國軍隊打死的泰國人，遠比他們打死的敵國軍人人數多得多。但如果再要他們調轉槍口對準自己的同胞，許多泰國軍人這一次可能不會再遵命了。泰國軍方可能分裂，把國家帶進內戰。軍方領導人不大可能甘冒如此奇險。由於舊當權派越來越孤立無援，越來越有意孤注一擲，暗殺塔信、哇集拉隆功、以及他們的重要盟友的可能性也越來越高。在統治階級，有關綁架與暗殺的傳言耳語已經逐漸習以為常。他們相信，只需幾發子彈就能一勞永逸、解決問題。

精英把泰國一步步推進衝突的深淵，但討論他們的王位繼承之戰仍然是刑事犯罪。自二〇〇六年以來，動用褻瀆王室法讓人閉嘴，讓人不敢辯論、不敢表示異議的事例大幅增加。但是否犯了褻瀆王室罪行，不僅沒有人真正知道，而且這類判罪是由人宰割的勾當，一旦遭到控罪，受到的刑罰又往往嚴厲得不成比例：這一切不禁讓人想起幾世紀以前阿瑜陀耶王那些隨心所欲的殘酷暴行。就像過去阿瑜陀耶王的肆意暴行一樣，當權派也想運用褻瀆王室法打一場殺雞儆猴、殺一儆百的心理戰，犧牲幾個倒楣人，讓民眾畏服。但他們這場仗必輸無疑：褻瀆王室法已經成為泰國的一大笑柄；儘管當局已經封閉數以十萬計網頁，但仍然無法阻止有關王室與王位繼承問題的討論，特別是在社交媒體，這類討論尤其蔚為風潮。在王位繼承塵埃落定之後很長一段時間，當局似乎仍將嚴厲執行這項法律，因為王位繼承衝突雙方都想運用褻瀆王室法讓對方噤聲。

對數以百萬計真心崇拜國王的泰國人而言，蒲美蓬之死無疑會帶來重創。由於一般認為王位繼承將導致嚴重衝突與動亂，千百萬已經對王室失去信心、不再支持王室的泰國人對蒲美蓬之死也憂心忡忡。但事實上，蒲美蓬死後數天與數週期間儘管極可能爆發動亂，一旦動亂平息，泰國卻有可能出現一段比較安定的日子。只要他還活著，泰國難有寧日。只有他的死亡能為王國危機帶來解決之道。

蒲美蓬活得越久，哇集拉隆功在沒有重大挑戰下繼位為拉瑪十世的機率也越大。他活得越久，大多數繼承衝突在他死前已經結束，不會留到他身後再行較勁。蒲美蓬也可能在死前退位，宣布由哇集拉隆功繼位，保著兒子為王。不過目前看來，蒲美蓬採取主動、影響接班的可能性已經幾乎降為零：他似乎已經嚴重喪失行為能力，而且也對時局情勢幾乎一無所知，不可能採取決定性干預。最經常伴在他身邊的，是他最疼愛的女兒詩琳通。詩琳通公主是泰國人民心目中的王位繼承人首選。在有生以來大部分時間，詩琳通總是極力表示自己無意與哥哥競奪王位——她一直不結婚，不生孩子，還放話說，一旦蒲美蓬逝去，她將在北京附近一處特別的住宅區退隱。二○○九年的一封美國外交密電說，「與我們談過話的大多數王室觀察家，包括許多熟識詩琳通的人都預測，一旦父親去世，詩琳通會為了國家安定，也為了她個人的安全，悄然離開泰國，把國家舞台留給她哥哥。」[9]不過，儘管手法沒有她妹妹朱拉蓬那麼拙劣，詩琳通公主已經在二○一三年年底開始明白表示支持反政府抗議，王室人士也證實，她現在支持不讓哇集拉隆功繼位的陣營。憑藉她身為蒲美蓬最親信人士的特殊地位，她如果想操控蒲美蓬獲得的訊息，如果想在蒲美蓬死後假傳他的旨意，可說易如反掌。蒲美蓬在位期間在社交生活上一直很孤立，這使他易於為人操控。如今他大限將至，有心人想操控他更容易了。

假設哇集拉隆功的敵人仍然控制樞密院與軍方，蒲美蓬一旦死亡，王位繼承之爭非常可能爆發。詩琳通與她的盟友會盡可能隱匿國王的死訊，或用人工呼吸系統讓他繼續呼吸，爭取時間準備對王儲展開決定性一擊。想達到這個目標，他們得在法律條文上動手腳：必須找一些法理根據，證明他們不讓哇集拉隆功繼位於法有據——或許他們可以偽稱蒲美蓬臨死以前留下旨意，改變原定接班人選，或許他們還可以引用一九二四年宮廷法第十條的規定，或放出風聲說王儲幹了什麼壞事或生了什麼惡疾，以證明王儲不適任。反哇集拉隆功繼位的計劃還必須具備軍事要件；哇集拉隆功早已知道王位繼承可能遭遇阻礙，十年來一直在暗中鞏固實力，在政府部會各項要職安插自己的心腹，並且擴建自己直屬的禁衛部隊。如果有必要，他準備為他的王權而戰。泰國軍方需要速謀對策，想辦法解除他的武力——或將哇集拉隆功逮捕，甚或將他殺了。解決掉王儲的問題以後，傳統當權派還必須找出途徑，確使國會正式通過他們提出的王位繼承替代人選。而且這一切都必須迅速完成。如果反哇集拉隆功繼位的計劃受阻，只需停滯幾天甚至只是延誤了幾小時，整個計劃很可能解體，哇集拉隆功也因此登基為王。

許多分析家認為，當權派阻撓王儲繼位的可能性很小，因為王室目前已經在法統與民意支持度上嚴重失血，阻撓王儲繼位會進一步重創王室。但他們不了解一點：泰國統治階級要的，不是一個強有力、在政治立場上有主見的宮廷；他們要的是一位能讓他們操控的王。對傳統精英而言，寧可讓泰國在蒲美蓬死後成為國王或女王只是虛位元首的真正君主立憲，也不能讓鬥志昂然、仇恨他們的哇集拉隆功繼位，因為後者風險大得讓他們無法接受。他們希望繼續控制王室資產管理局的巨額財富，此外，儘管宮廷聲威早已今非昔比，他們仍希望沐浴在皇家恩寵的氛圍中。他們不擔心王室孱弱，出現一位不肯照顧他們利益的新王，才是他們的夢魘。

蒲美蓬死後，泰國當局可能宣布一段極長的國喪期。鑒於「九」這個數字在蒲美蓬統治圖騰代表的象徵重要性，國喪期很可能長達九百九十九天。屆時宮廷宣傳機器會全面啟動，軍方與當權派也會設法操控千百萬泰國人發自內心的悲哀，利用蒲美蓬崇高的聲望，讓他們主導的接班安排合法化。誠如彼得．賈克森（Peter Jackson）所說，對蒲美蓬的信徒而言，蒲美蓬早已是一位神奇的、半神半人的「活神仙」，統治階級早就在利用他這種神祕特性進行榨取，就算在他死後多年都不可能輕言放棄。[10]但在二十一世紀的泰國，這麼做已經不再管用——自二〇〇六年政變以來，太多泰國人民已經對王室信心盡喪，而且一旦蒲美蓬死後，所有他的祕密也會一一走漏：他意外槍殺自己的哥哥，他參與導致一九七六年法政大學大屠殺的密謀，二〇〇六年政變經他默許，以及他畢生敵視民主等等。蒲美蓬不再是能為泰國帶來統一的人物。蒲美蓬死後，精英不再能仰仗他的餘蔭獲得保護。

一旦王位繼承問題塵埃落定——或是王儲獲勝，或由替代人選繼位——泰國政治才有繼續進展的可能。最可能出現的劇碼是塔信與哇集拉隆功成為這場鬥爭的勝利者。果真有這一天，他們的手下敗將才會終於了解，自己自二〇〇五年以來採取的策略簡直笨得等於自殺。一些當權派成員早在一九九〇年代已經有所領悟，發現在面對塔信這類民粹主義強人，以及哇集拉隆功這樣的國王統治時，最妥善的辦法是強化民主，強化國家機構，以發揮它們對行政權的制衡功能，一方面落實法治，容許言論自由。但當權派採用的辦法正好相反。如果事實證明塔信與哇集拉隆功正是讓傳統當權派害怕的那種統治者，則當年陰謀剷除泰國民主、將司法與國家機構化為當權派營私工具、運用褻瀆王室法封殺異議的人，現在將自食惡果，淪為這一切惡形惡狀的犧牲品。他們建立的獨裁而扭曲的泰國仍將繼續存在，只不過他們不再是它的主子。

如果舊當權派竟然取勝，擁立替代人選登上王座，泰國民主的未來也不會比較樂觀。他們會效法多年來的那些行徑：透過體制外手段壟斷權力，不讓泰國人民享有為本身命運做主的權利。

但儘管有這許多令人悲觀的理由，二十一世紀的泰國並非沒有希望。過去十年來最不同凡響的變化是，泰國窮苦百姓已經養成有深度的政治良知，覺察到國家出了什麼問題。他們終於了解統治階級許多世紀以來一直玩弄的那套把戲，並且決心不再奉陪。他們要真正的民主，要當局尊重他們的權益。達不到這個目標，他們不會甘休。

二〇〇六年七月，腹背受敵的塔信．西那瓦，在曼谷一家豪華餐廳享用牛排午餐時告訴與他共餐的美國大使說，非民選、已經患了硬化症的精英躲在幕後統治泰國的事實，令他深惡痛絕，他要「打開燈光，驅走惡鬼」。[11]無論他的政治前途如何，無論他能不能以勝利者之姿返回國門，重新執政，塔信至少已經在泰國民主功勞簿上記了一筆：他現在已經打開燈光，讓惡鬼無所遁形。對許多泰國人而言，泰國前途或許茫然未卜，令人心驚膽戰。但對一個備遭歷史傳承詛咒的國家而言，單只是能夠瞻望未來——並且公開討論未來——已經堪稱是掙脫過去陰魂束縛的一項大勝。

注釋

前言　訴說泰國的真相

1 Fuller, Thomas (2014) 'Thai Beer Loses Esteem after Heiress's Remarks', *New York Times*, 10 January.

2 Handley, Paul M. (2006) 'What The Thai Coup Was Really About', *Asia Sentinel*, 6 November, www.asiasentinel.com/politics/what-the-thai-coup-wasreally-about; accessed 7 February 2014

3 Anderson, Benedict R. O'G. (1978) 'Studies of the Thai State: The State of Thai Studies', in Eliezer B. Ayal (ed.), *The Study of Thailand*, Ohio Center for International Studies, Athens OH, pp. 193–247.

4 Pravit Rojanaphruk (2012) 'Court Defers Lese Majeste Case, defence advised', *The Nation*, 20 July.

5 Streckfuss, David (2011) *Truth on Trial in Thailand: Defamation, Treason, and Lèse-Majesté*, Routledge, London and New York.

6 Žižek, Slavoj (2011) 'Good Manners in the Age of WikiLeaks', *London Review of Books*, vol. 33, no. 2, pp. 9–10.

第一章　「當神一樣的泰王亡故時，一切都會崩潰。」——泰國的政治覺醒

1 Aikman, David (1976) 'A nightmare of Lynching and Burning', *Time*, 18 October.

2 Thongchai Winichakul (1995) '*Jodmai Chaebob Thi Neung* (Letter number one)', in *Rao Mai Leum Hok Tula* (*We Do Not Forget October 6*), 20th Anniversary Memorial Publication, Bangkok.

3 Thongchai Winichakul (2011) 'Foreword', in Tyrell Haberkorn, *Revolution Interrupted: Farmers, Students, Law, and Violence in Northern Thailand*, University of Wisconsin Press, Madison.

4 Klima, Alan (2002) *The Funeral Casino: Meditation, Massacre, and Exchange with the Dead in Thailand*, Princeton University Press, Princeton NJ.

5 Boyle, Peter (2010) 'Red Shirt Leader on New Stage in Fight', *Green Left Weekly* 856.

6 Pravit Rojanaphruk (2010) 'Red Tide Returns', *The Nation*, 20 September.

7 Ünaldi, Serhat (2013) 'Working Towards the Monarchy and Its Discontents: Anti-Royal Graffiti in downtown Bangkok', *Journal of Contemporary Asia*, vol. 44, no. 2, pp. 377–403.

8 同上・另見Gray, Christine Elizabeth (1986) 'Thailand: The Soteriological State in the 1970s', Ph.d. thesis, University of Chicago.

9 同注15.

10 美國外交電報06BANGKOK3538

11 Stent, James (2010) 'Thoughts on Thailand's Turmoil', www.zenjournalist. com/2010/06/thoughts-on-thailands-turmoil-by-james-stent; accessed 7 February 2014.

12 同上

13 Streckfuss, David (2011) *Truth on Trial in Thailand: Defamation, Treason, and Lèse-Majesté*, Routledge, London and New York.

14 Nostitz, Nick (2011b) Online comments, http://asiapacific.anu.edu.au/newmandala/2011/07/05/who-ordered-the-killing; accessed 7 February 2014.

15 Vithoon Amorn (2010) 'Thai King's Health Has Improved, Queen Says', Reuters, 11 August.

16 Sulak Sivaraksa (1992) 'Would This Man dis the King? A Conversation with Sulak Sivaraksa', *Fellowship USA*, vol. 59, no. 9.

17 美國外交電文07BANGKOK940

18 美國外交電文09BANGKOK 2606

19 Olson, Martha Stevenson (1999) 'A Train Called Betsy debuts in Bangkok', *New York Times*, 26 December

第二章 「既已來到忘憂之地，就別那麼認真吧！」——歡迎來到笑的國度

1 Educational Technique Bureau (1978) *Studybook Preparing for the Experience of Life*, Department of Education, Bangkok.
2 Junya 'Lek' Yimprasert (2010) 'Why I don't Love the King', www.academia. edu/487133/Why_I_dont_Love_the_King; accessed 7 February 2014.
3 Anderson, Benedict R. O'G. (1978) 'Studies of the Thai State: The State of Thai Studies', in Eliezer B. Ayal (ed.), *The Study of Thailand*, Ohio Center for International Studies, Athens OH, pp. 193–247.
4 Malinowski, B. (1925) 'Magic, Science and Religion', in Joseph Needham (ed.), *Science, Religion and Reality*, Macmillan, New York, pp. 19–84.
5 Quaritch Wales, H.G. (1931) *Siamese State Ceremonies*, Bernard Quaritch, London.
6 Stevenson, William (1999) *The Revolutionary King*, Constable, London.
7 Terwiel, B.J. (2011) *Thailand's Political History from the 13th Century to Recent Times*, River Books Press, Bangkok.
8 Grossman, Nicholas, and Dominic Faulder (2011) *King Bhumibol Adulyadej: A Life's Work*, Editions Didier Millet, Singapore.
9 Wyatt, David K. (2003) *Thailand: A Short History*, 2nd edn, Yale University Press, New Haven CT.
10 Van Beek, Steve (ed.) (1983), *Kukrit Pramoj: His Wit and Wisdom*, Editions duang Kamol, Bangkok.
11 Thongchai Winichakul (2004) 'A Short History of the Long Memory of the Thai nation', paper presented at the Asian Nationalism Project, 1–3 October.
12 Dhani Nivats (1947) 'The Old Siamese Conception of the Monarchy', *Journal of the Siam Society*, vol. 36, no. 2, pp. 91–104.
13 Borwornsak Uwanno (2006) 'Ten Principles of a Righteous King and the King of Thailand', paper published by Faculty of Law, Chulalongkorn University, Bangkok.

14 Thongchai Winichakul (2008) 'Toppling Democracy', *Journal of Contemporary Asia*, vol. 38, no. 1, pp. 11–37.

15 McManus, Jason (1966) 'Holder of the Kingdom, Strength of the Land', *Time*, 27 May

16 Good, Paul (2000) Interview for the Foreign Affairs Oral History Project, Association for Diplomatic Studies and Training, www.adst.org/oH%20 ToCs/Good,%20Paul.toc.pdf; accessed 7 February 2014.

17 Iyer, Pico (1988) 'The Smiling Lures of Thailand', *Time*, 17 October.

18 Streckfuss, David, and Thanapol Eawsakul (2009) 'Speaking the Unspeakable: Lese-Majeste and the Monarchy in Thailand', http://thaipoliticalprisoners.files.wordpress.com/2009/01/streckfuss-and-thanapol.pdf; accessed 7 February 2014.

19 美國外交電文 09BANGKOK2342

20 同上

21 Streckfuss, David (2011) *Truth on Trial in Thailand: Defamation, Treason, and Lèse-Majesté*, Routledge, London and New York.

22 Turton, Andrew (1984) 'Limits of Ideological domination and the Formation of Social Consciousness', in Andrew Turton and Shigeharu Tanabe (eds), *History and Peasant Consciousness in South East Asia*, National Museum of Ethnology, Osaka.

23 Jackson, Peter A. (2004) 'The Thai Regime of Images', *Sojourn: Journal of Social Issues in Southeast Asia*, vol. 19, no. 2, pp. 181–218.

24 Morris, Rosalind C. (2000) *In the Place of Origins: Modernity and Its Mediums in Northern Thailand*, Duke University Press, Durham NC.

25 Bishop, Ryan, and Lillian S. Robinson (1998) *Night Market: Sexual Cultures and the Thai Economic Miracle*, Routledge, London and New York.

26 Lady Gaga (2012), https://twitter.com/ladygaga/status/205265026016223232; accessed 7 February 2014

27 Petchanet Pratruangkrai (2012) 'Govt Complains to US Embassy over Lady Gaga', *The Nation*, 29 May.

28 Altman, Howard (2002) 'The King of BLING BLING', *American Journalism Review*, September.

29 Jackson, Peter A. (2004) 'The Thai Regime of Images', *Sojourn: Journal of Social Issues in Southeast Asia*, vol. 19, no. 2, pp. 181–218.

30 美國外交電文09BANGKOK325)

第三章 「超級妄自尊大」——專制暴政的排場與做作

1 Quaritch Wales, H.G. (1931) *Siamese State Ceremonies*, Bernard Quaritch, London.

2 同上

3 Englehart, Neil A. (2001) *Culture and Power in Traditional Siamese Government*, Cornell University Department of Asian Studies, Southeast Asia Program Series No. 18, Cornell University Press, Ithaca NY.

4 Scott, James C. (2009) The Art of Not Being Governed: An Anar*chist History of Upland Southeast Asia*, Yale University Press, New Haven CT.

5 同上

6 Quaritch Wales, H.G. (1931) *Siamese State Ceremonies*, Bernard Quaritch, London.

7 Hobsbawm, Eric (1986) 'Introduction: Inventing Traditions', in Eric Hobsbawm and Terence Ranger (eds), *The Invention of Tradition*, Cambridge University Press, Cambridge.

8 Jory, Patrick (2002) 'The Vessantara Jataka, Barami, and the Bodhisatta-Kings: The Origin and Spread of a Thai Concept of Power', *Crossroads: An Interdisciplinary Journal of Southeast Asian Studies*, vol. 16, no. 2, pp. 36–78.

9 Terwiel, B.J. (2011) *Thailand's Political History from the 13th Century to Recent Times*, River Books Press, Bangkok.

10 Wolters, o.W. (1982) *History, Culture and Region in Southeast Asian Perspectives,* Institute of Southeast Asian Studies, Singapore.

11 Weber, Max (1962) *Economy and Society*, Bedminster Press, New York.

12 Ferrara, Federico (2014) *Thailand's Unfinished National Revolution: Kings, Coups, and Constitutions since 1932*, Cambridge

University Press, Cambridge.

13 Wood, W.A.R. (1926) *A History of Siam*, T. Fisher Unwin, London.

14 Geertz, Clifford (1980) *Negara: The Theatre State in Nineteenth Century Bali*, Princeton University Press, Princeton NJ.

15 Smithies, Michael (1995) *Descriptions of Old Siam*, Oxford University Press, Kuala Lumpur.

16 Van der Cruysse, Dirk (2002) *Siam and the West: 1500–1700*, Silkworm Books, Chiang Mai.

17 Baker, Chris (2006) 'Revival, Renewal and Reinvention: The Complex Life of Thailand's Monarch', www.asiasentinel.com/society/revival-renewaland-reinvention-the-complex-life-of-thailands-monarch; accessed 7 February 2014.

18 Terwiel, B.J. (1979) 'Tattooing in Thailand's History', *Journal of the Royal Asiatic Society of Great Britain and Ireland* 2, pp. 156–66.

第四章 「我們的國家是人民的，不是國王的。」——泰國未完成的革命

1 Pridi Banomyong (2000) *Pridi by Pridi*, Silkworm Books, Chiang Mai.

2 Stowe, Judith (1991) *Siam Becomes Thailand: A Story of Intrigue*, University of Hawaii Press, Honolulu.

3 Chula Chakrabongse (1960) *Lords of Life*, Taplinger, New York.

4 O'Kane, John (1972) *The Ship of Sulaiman*, Routledge & Kegan Paul, London.

5 Thongchai Winichakul (2000) 'The Quest for "Siwilai": A Geographical Discourse of Civilisation Thinking in Late nineteenth and Early Twentieth Century Siam', *Journal of Asian Studies*, vol. 59, no. 3, pp. 528–49.

6 Jackson, Peter A. (2004) 'The Performative State: Semi-coloniality and the Tyranny of Images in Modern Thailand', *Sojourn: Journal of Social Issues in Southeast Asia*, vol. 19, no. 2, pp. 219–53.

7 Peleggi, Maurizio (2002) *Lords of Things: The Fashioning of the Siamese Monarchy's Modern Image*, University of Hawaii Press, Honolulu.

8 Chamberlain, James Robert (1991) *The Ram Khamhaeng Controversy: Collected Papers*, Siam Society, Bangkok. And Wright,

Michael (1995) 'A Pious Fable: Reconsidering the Inscription I Controversy', *Journal of the Siam Society*, vol. 83, Nos 1 and 2, pp. 93–102.

9 Kasian Tejapira (2001) *Commodifying Marxism: The Formation of Modern Thai Radical Culture, 1927–1958*, Kyoto University Press, Kyoto.

10 Jackson, Peter A. (2004) 'The Performative State: Semi-coloniality and the Tyranny of Images in Modern Thailand', *Sojourn: Journal of Social Issues in Southeast Asia*, vol. 19, no. 2, pp. 219–53.

11 Kemp, Jeremy (1978) 'Cognatic Descent and the Generation of Social Stratification in Southeast Asia', *Bijdragen tot de Taal-, Land- en Volkenkunde*, vol. 134, no. 1, pp. 63–83.

12 Quaritch Wales, H.G. (1931) *Siamese State Ceremonies*, Bernard Quaritch, London.

13 Shah, Sudha (2012) *The King In Exile*, HarperCollins, New Delhi.

14 Murashima, Eiji (1988) 'The Origin of Modern Official State Ideology in-Thailand', *Journal of Southeast Asian Studies*, vol. 19, no. 1, pp. 80–96.

15 同上

16 Kullada Kesbonchoo Mead (2004) *The Rise and Decline of Thai Absolutism*, Routledge, London and New York.

17 McCargo, Duncan (2001) 'Populism and Reformism in Contemporary Thailand', *South East Asia Research*, vol. 9, no. 1, pp. 89–107.

18 Batson, Benjamin (1974) *Documents from the End of the Absolute Monarchy*, Cornell Data Paper no 96, Cornell University Press, Ithaca NY.

19 Chula Chakrabongse (1960) *Lords of Life*, Taplinger, New York.

20 *New York Times* (1932) 'Prophecy Supported by Siamese Overturn', 25 June.

21 Ferrara, Federico (2012) 'The Legend of King Prajadhipok: Tall Tales and Stubborn Facts on the Seventh Reign in Siam', *Journal of*

Southeast Asian Studies, vol. 43, no. 1, pp. 4–31.

22 Stowe, Judith (1991) *Siam Becomes Thailand: A Story of Intrigue*, University of Hawaii Press, Honolulu.

23 Natapoll Chaiching (2010) 'The Monarchy and the Royalist Movement in Modern Thai Politics, 1932–1957', in Søren Ivarsson and Lotte Isager (eds), *Saying the Unsayable: Monarchy and Democracy in Thailand*, NIAS Press, Copenhagen.

24 Stowe, Judith (1991) *Siam Becomes Thailand: A Story of Intrigue*, University of Hawaii Press, Honolulu.

25 Natapoll Chaiching (2010) 'The Monarchy and the Royalist Movement in Modern Thai Politics, 1932–1957', in Søren Ivarsson and Lotte Isager (eds), *Saying the Unsayable: Monarchy and Democracy in Thailand*, NIAS Press, Copenhagen.

26 Ferrara, Federico (2012) 'The Legend of King Prajadhipok: Tall Tales and Stubborn Facts on the Seventh Reign in Siam', *Journal of Southeast Asian Studies*, vol. 43, no. 1, pp. 4–31.

27 *New York Times* (1935) 'King Prajadhipok of Siam Abdicates Because Democracy is Rejected', 4 March.

第五章 「我事實上是一個人民選出來的國王。」——保王派的復甦

1 Ziegler, Philip (1985) *Mountbatten: The Official Biography*, Knopf, New York.

2 Stanton, John (1950) 'Garden of Smiles', *Time*, 3 April.

3 Kobkua Suwannathat-Pian (2003) *Kings, Country and Constitutions: Thailand's Political Development 1932–2000*, Routledge, New York.

4 Thak Chaloemtiara (2007) *Thailand: The Politics of Despotic Paternalism*, Silkworm Books, Chiang Mai.

5 Kobkua Suwannathat-Pian (2003) *Kings, Country and Constitutions: Thailand's Political Development 1932–2000*, Routledge, New York.

6 美國外交電文611.9o/10-2059

7 Porphant Ouyyanont (2008) 'The Crown Property Bureau in Thailand and the Crisis of 1997', *Journal of Contemporary Asia*, vol.

38, no. 1, pp. 166–89.

8 Glassman, Jim (2004) *Thailand at the Margins: Internationalization of the State and the Transformation of Labour*, Oxford University Press, Oxford.

9 *New York Times*(1969) 'Long Thai Dispute over Estate Ends', 6 April.

10 Anderson, Benedict R. O'G. (1977) 'Withdrawal Symptoms: Social and Cultural Aspects of the October 6 Coup', *Bulletin of Concerned Asian Scholars*, vol. 9, no. 3, pp. 13–31.

11 Morell, David, and Chai-anan Samudavinija (1981) *Political Conflict in Thailand*, Oelgeschlager, Gunn & Hain, Cambridge MA.

12 Grossman, Nicholas, and Dominic Faulder (2011) *King Bhumibol Adulyadej: A Life's Work*, Editions Didier Millet, Singapore.

13 Thongchai Winichakul (2008) 'Toppling Democracy', *Journal of Contemporary Asia*, vol. 38, no. 1, pp. 11–37.

14 Chanida Chitbundid (2007) *The Royal Projects: The Establishment of Royal Hegemony*, Foundation for the Promotion of Social Science and Humanities, Bangkok.

15 Zimmerman, Gereon (1967) 'A Visit with the King and Queen of Thailand', *Look*, June 27.

16 Mallet, Marian (1978) 'Causes and Consequences of the October '76 Coup', *Journal of Contemporary Asia*, vol. 8, no. 1, pp. 80–103.

17 Peagam, Norman (1975) 'Probing the "Red Drum" Atrocities', *Far Eastern Economic Review*, 14 March.

18 Thongchai Winichakul (2008) 'Toppling Democracy', Journal of Contemporary Asia, *vol.* 38, no. 1, pp. 11–37.

19 Handley, Paul M. (2006) The King Never Smiles: A Biography of T*hailand's Bhumibol Adulyadej, Yale University Press, New Haven CT.*

20 Anderson, Benedict R. O'G. (1977) 'Withdrawal Symptoms: Social and Cultural Aspects of the October 6 Coup', *Bulletin of Concerned Asian Scholars*, vol. 9, no. 3, pp. 13–31.

21 美國外交電文1975BANGK018375

22 Bowie, Katherine (1997) *Rituals of National Loyalty: An Anthropology of the State and the Village Scout Movement in Thailand*, Columbia University Press, New York.

23 Thongchai Winichakul (2002) 'Remembering/Silencing the Traumatic Past: The Ambivalent Memories of the October 1976 Massacre in Bangkok', in Shigeharu Tanabe and Charles F. Keyes (eds), *Cultural Crisis and Social Memory*, University of Hawaii Press, Honolulu.

第六章 「他的心中有神奇、有仁慈，還有力量。」——拉瑪九世的神明化

1 Peleggi, Maurizio (2009) 'Thailand in Crisis: The Twilight of a Reign or the Birth of a New Order?' Asia Research Institute Working Paper No. 114, National University of Singapore.

2 *Washington Post* (1992) 'The King and They', 23 May.

3 Thongchai Winichakul (2008) 'Toppling Democracy', *Journal of Contemporary Asia*, vol. 38, no. 1, pp. 11–37.

4 Marquez, Xavier (2013) 'A Model of Cults of Personality', APSA 2013 Annual Meeting Paper.

5 Handley, Paul M. (2006) *The King Never Smiles: A Biography of Thailand's Bhumibol Adulyadej*, Yale University Press, New Haven CT.

6 Porphant ouyyanont (2008) 'The Crown Property Bureau in Thailand and the Crisis of 1997', *Journal of Contemporary Asia*, vol. 38, no. 1, pp. 166–89.

7 Murray, David (1996) *Angels and Devils*, Orchid Press, Bangkok.

8 Kasian Tejapira (2006) 'Toppling Thaksin', *New Left Review* 39.

9 Callahan, William A. (2005) 'The Discourse of Vote Buying and Political Reform in Thailand', *Pacific Affairs*, vol. 78, no. 1, pp. 95–113.

10 McCargo, Duncan (2005) 'Network Monarch and Legitimacy Crises in Thailand', *Pacific Review*, vol. 18, no. 4, pp. 499–519.

11 Bangkok Post (1991) 'Page One Comment', 16 November.

12 McCargo, Duncan (2001) 'Populism and Reformism in Contemporary Thailand', South East Asia Research, vol. *9, no. 1, pp. 89–107.*

13 The Nation (1992) 'Suchinda's Second Coup', 8 April.

14 Murray, David (1996) Angels and Devils, Orchid Press, Bangkok.

15 同上

16 *Time* (1992) 'The King and Them', 1 June.

17 Baker, Chris (2006) 'Revival, Renewal and Reinvention: The Complex Life of Thailand's Monarch', www.asiasentinel.com/society/revival-renewaland-reinvention-the-complex-life-of-thailands-monarch; accessed 7 February 2014.

18 McCargo, Duncan (2005) 'Network Monarch and Legitimacy Crises in Thailand', *Pacific Review*, vol. 18, no. 4, pp. 499–519.

19 Handley, Paul M. (2006) *The King Never Smiles: A Biography of Thailand's Bhumibol Adulyadej*, Yale University Press, New Haven CT.

20 McCargo, Duncan (2005) 'Network Monarch and Legitimacy Crises in Thailand', *Pacific Review*, vol. 18, no. 4, pp. 499–519.

21 Porphant Ouyyanont (2008) 'The Crown Property Bureau in Thailand and the Crisis of 1997', *Journal of Contemporary Asia*, vol. 38, no. 1, pp. 166–89.

22 McCargo, Duncan (2005) 'Network Monarch and Legitimacy Crises in Thailand', *Pacific Review*, vol. 18, no. 4, pp. 499–519.

23 Connors, Michael Kelly (2008) 'Article of Faith: The Failure of Royal Liberalism in Thailand', *Journal of Contemporary Asia*, vol. 38, no. 1, pp. 143–65.

24 McCargo, Duncan (2009) 'Thai Politics as Reality TV', *Journal of Asian Studies*, vol. 68, no. 1, pp. 7–19.

25 Kobkua Suwannathat-Pian (2003) *Kings, Country and Constitutions: Thailand's Political Development 1932–2000*, Routledge, New York.

26 Porphant Ouyyanont (2008) 'The Crown Property Bureau in Thailand and the Crisis of 1997', *Journal of Contemporary Asia*, vol. 38, no. 1, pp. 166–89.

27 Olson, Martha Stevenson (1999) 'A Train Called Betsy Debuts in Bangkok', *New York Times*, 26 December.

28 McCarthy, Terry (1999) 'The King and Ire', *Time*, 6 December.

第七章 「永無止境的王位之爭」——持續不斷宮廷鬥爭的原因

1 Ministry of Foreign Affairs (2010) 'Frequently Asked Questions about the Current Political Situation in Thailand', www.thaiembassy.sg/press_media/press-releases/ frequently-asked-questions-about-the-current-political-situation-in-thail; accessed 7 February 2014.

2 Ministry of Foreign Affairs (2009) 'Gist of PM Abhisit Vejjajiva's Address at the Foreign Correspondents Club, Hong Kong (FCCHK), 15 May 2009 and Q&A Session', www.mfa.go.th/main/en/media-center/28/1618–Gistof-PM-Abhisit-Vejjajivas-Address-at-the-Forei.html; accessed 7 February 2014.

3 Abhisit Vejjajiva (2013) *The Simple Truth*, Post Publishing, Bangkok.

4 Lloyd Parry, Richard (2009) 'Thaksin Shinawatra: The Full Transcript of His Interview with The Times', *The Times*, 9 November.

5 Ten Kate, Daniel (2012) 'Thai King's Advisers Key to Lese-Majeste Reform, Thaksin Says', Bloomberg news, 25 September.

6 Ministry of Foreign Affairs (2011) 'FAQ', www.thailandtoday.org/monarchy/faq; accessed 30 September 2013.

7 Quaritch Wales, H.G. (1931) *Siamese State Ceremonies*, Bernard Quaritch, London.

8 Heine-Geldern, Robert (1956) *Conceptions of State and Kingship in Southeast Asia*, Cornell University Department of Asian Studies, Southeast Asia Program Data Paper no. 18, Ithaca NY.

9 Chula Chakrabongse (1960) *Lords of Life*, Taplinger, New York.

10 Solomon, Robert L. (1970) *Aspects of State, Kingship and Succession in Southeast Asia*, Rand Corporation, Santa Monica.

11 Wood, W.A.R. (1926) *A History of Siam*, T. Fisher Unwin, London.

12 Quaritch Wales, H.G. (1931) *Siamese State Ceremonies*, Bernard Quaritch, London.

13 Wyatt, David K. (2003) *Thailand: A Short History*, 2nd edn, Yale University Press, New Haven CT.

14 同上

15 同上

16 Baker, Chris (2008) *The Revolt of Khun Phaen*, paper presented at the 10th International Conference on Thai Studies, Thammasat University.

17 Tanabe, Shigeharu (1984) 'Ideological Practice in Peasant Rebellions: Siam at the Turn of the Twentieth Century', in Andrew Turton and Shigeharu Tanabe (eds), History and Peasant Consciousness in So*uth East Asia, nat*ional Museum of Ethnology, Osaka.

18 Scott, James C. (2009) The Art of Not Being Governed: An Anar*chist History of Upland Southeast Asia, Yal*e University Press, New Haven CT.

19 Chatthip Nartsupha (1984) 'The Ideology of 'Holy Men' Revolts in North East Thailand', in Andrew Turton and Shigeharu Tanabe (eds), History and Peasant Consciousness in So*uth East Asia, National Museum of Ethnology, Osaka.*

20 Keyes, Charles F. (1977) 'Millennialism, Theravada Buddhism, and Thai Society', Journal of Asian Studies, vol. 36, no. 2, pp. 283–302.

21 Wyatt, David K. (2003) *Thailand: A Short History*, 2nd edn, Yale University Press, New Haven CT.

22 Wood, W.A.R. (1926) *A History of Siam*, T. Fisher Unwin, London.

第八章 「無論走路、說話、吃、喝，或烹飪，做任何事都得有儀式的人」——身為國王的樂趣與無奈

1 Van Vliet, Jeremias (2005) 'Diary of the Picnic Incident', in Chris Baker, Dhiravat Na Pombejra, Alfons Van der Kraan and David K. Wyatt (eds), *Van Vliet's Siam*, Silkworm Books, Chiang Mai.

2 Van Vliet, Jeremias (1910) *Description of the Kingdom of Siam*, trans. J.F. Ravenswaay, Siam Society, Bangkok.

3 同上

4 Kemp, Jeremy (1969) *Aspects of Siamese Kingship in the Seventeenth Century*, Social Science Association Press, Bangkok.

5 Wood, W.A.R. (1926) *A History of Siam*, T. Fisher Unwin, London.

6 Gervaise, Nicolas (1928) *The Natural and Political History of Siam*, trans. Herbert Stanley O'neill, Siam Observer Press, Bangkok.

7 Quaritch Wales, H.G. (1931) *Siamese State Ceremonies*, Bernard Quaritch, London.

8 Loos, Tamara (2005) 'Sex in the Inner City', *Journal of Asian Studies*, vol. 64, no. 4, pp. 881–909.

9 Grow, Mary Louise (1991) 'Laughter for Spirits, a Vow Fulfilled: The Comic Performance of Thailand's lakhon chatri dance-drama', Ph.d. thesis, University of Wisconsin-Madison.

10 Baker, Chris (2008) *The Revolt of Khun Phaen*, paper presented at the 10th International Conference on Thai Studies, Thammasat University.

11 Quaritch Wales, H.G. (1931) *Siamese State Ceremonies*, Bernard Quaritch, London.

12 Pasuk Phongpaichit and Chris Baker (2009) *A History of Thailand*, 2nd edn, Cambridge University Press, Cambridge.

13 Kullada Kesbonchoo Mead (2004) *The Rise and Decline of Thai Absolutism*, Routledge, London and New York.

14 同上

15 Battye, Noel (1974) 'The Military, Government and Society in Siam, 1868–1910', Ph.D. thesis, Cornell University, Ithaca NY.

16 Stowe, Judith (1991) *Siam Becomes Thailand: A Story of Intrigue*, University of Hawaii Press, Honolulu.

17 Batson, Benjamin (1974) *Documents from the End of the Absolute Monarchy*, Cornell Data Paper No 96, Cornell University Press, Ithaca NY.

第九章　「我沒有死的本錢」——蒲美蓬國王的悲劇

1 Marshall, Andrew MacGregor (2013) 'Thailand's Saddest Secret', www.zenjournalist.org/2013/03/06/thailands-saddest-secret.

2 同上

3 Kershaw, Roger (2001) *Monarchy in South East Asia: The Faces of Tradition in Transition*, Routledge, London and New York.

4 Crosette, Barbara (1989) 'King Bhumibol's Reign', *New York Times*, 21 May.

5 Kobkua Suwannathat-Pian (2003) *Kings, Country and Constitutions: Thailand's Political Development 1932–2000*, Routledge, New York.

6 Sulak Sivaraksa (2000) *Powers That Be: Pridi Banomyong through the Rise and Fall of Thai Democracy*, Lantern Books, Bangkok.

7 *Time* (1955) 'Orchids for the Secretary', 28 February.

8 Kershaw, Roger (2001) *Monarchy in South East Asia: The Faces of Tradition in Transition*, Routledge, London and New York.

9 Handley, Paul M. (2006) *The King Never Smiles: A Biography of Thailand's Bhumibol Adulyadej*, Yale University Press, New Haven CT.

10 Stevenson, William (1999) *The Revolutionary King*, Constable, London.

11 Thongchai Winichakul (2002) 'Remembering/Silencing the Traumatic Past: The Ambivalent Memories of the October 1976 Massacre in Bangkok', in Shigeharu Tanabe and Charles F. Keyes (eds), *Cultural Crisis and Social Memory*, University of Hawaii Press, Honolulu.

12 Handley, Paul M. (2006) *The King Never Smiles: A Biography of Thailand's Bhumibol Adulyadej*, Yale University Press, New Haven CT.

13 Watts, David (1983) 'A Backward Step for Democracy', 7 April.

14 Handley, Paul M. (2006) *The King Never Smiles: A Biography of Thailand's Bhumibol Adulyadej*, Yale University Press, New Haven CT.

15 McBeth, John (1986) 'Voice of the Palace: The Royal Family Denies Some Persistent Rumours', *Far Eastern Economic Review*, vol. 133, no. 36.

16 Handley, Paul M. (2006a) *The King Never Smiles: A Biography of Thailand's Bhumibol Adulyadej*, Yale University Press, New Haven CT.

17 Crosette, Barbara (1987) 'Once Upon a Time a Good King Had 4 Children…', *New York Times*, 15 December.

18 Sukhumbhand Paribatra (1988) 'Apprehension about the Future', *Far Eastern Economic Review*, 21 January.

19 美國外交電文09BANGKOK2967

20 Stevenson, William (1999) *The Revolutionary King*, Constable, London.

第十章 「活在恐怖時代」——寡頭的黃昏

1 *The Nation* (2006) 'Vandal's Dad Distraught', 23 March.

2 Keyes, Charles F. (2006) 'The Destruction of a Shrine to Brahma in Bangkok and the Fall of Thaksin Shinawatra: The Occult and the Thai Coup in Thailand of September 2006', Asia Research Institute Working Paper Series, No. 80.

3 *The Nation* (2006) 'Thaksin Era Beset by Evil Omens', 22 March.

4 美國外交電文06BANGKOK5429

5 Anderson, Benedict R. O'G. (2012) 'Outsider View of Thai Politics', www.prachatai.com/english/ node/2694; accessed 7 February 2014.

6 Bechstedt, Hans-Dieter (1991) 'Identity and Authority in Thailand', in Craig J. Reynolds (ed.), *National Identity and Its Defenders*, Silkworm Books, Chiang Mai.

7 Kemp, Jeremy (1984) 'The Manipulation of Personal Relationships: From Kinship to Patron–Clientage', in Han ten Brummelhuis and Jeremy Kemp (eds), *Strategies and Structures in Thai Society,* University of Amsterdam, Antropologisch-Sociolgisch Centrum,

Amsterdam.

8 Englehart, Neil A. (2001) *Culture and Power in Traditional Siamese Government*, Cornell University Department of Asian Studies, Southeast Asia Program Series no. 18, Cornell University Press, Ithaca NY.

9 Porphant Ouyyanont (2008) 'The Crown Property Bureau in Thailand and the Crisis of 1997', *Journal of Contemporary Asia*, vol. 38, no. 1, pp. 166–89. And Grossman, Nicholas, and Dominic Faulder (2011) *King Bhumibol Adulyadej: A Life's Work*, Editions Didier Millet, Singapore.

10 Walker, Andrew (2012) *Thailand's Political Peasants*, University of Wisconsin Press, Madison.

11 Anderson, Benedict R. O'G. (2012) 'Outsider View of Thai Politics', www.prachatai.com/english/ node/2694; accessed 7 February 2014.

12 Walker, Andrew (2012) *Thailand's Political Peasants*, University of Wisconsin Press, Madison.

13 Bhumibol Adulyadej (1997) *The Story of Mahajanaka*, Amarin, Bangkok

14 Bhumibol Adulyadej (2002) *The Story of Tongdaeng*, Amarin, Bangkok.

15 Branigan, Tania (2000) 'Bangkok Prince Orders a Thai Takeaway – From Warwickshire', *Guardian*, 11 November.

16 美國外交電文BANGKOK5839

17 Pasuk Phongpaichit and Chris Baker (2009) *Thaksin*, Silkworm Books, Chiang Mai

18 Handley, Paul M. (2006) *The King Never Smiles: A Biography of Thailand's Bhumibol Adulyadej*, Yale University Press, New Haven CT.

19 美國外交電文05BANGKOK2219

20 *Far Eastern Economic Review* (2002) 'A Right Royal Headache', 10 January.

21 McCargo, Duncan (2005) 'Network Monarch and Legitimacy Crises in Thailand', *Pacific Review*, vol. 18, no. 4, pp. 499–519.

22 美國外交電文05BANGKOK7197

23 Crispin, Shawn W. (2007) 'Recollections, Revelations of a Protest Leader', *Asia Times*, www.atimes.com/atimes/Southeast_Asia/Id27Ae01.html; accessed 7 February 2014.

24 美國外交電文06BANGKOK1767

25 美國外交電文06BANGKOK2149、06BANGKOK2990、06BANGKOK3180

26 美國外交電文06BANGKOK2990

27 *The Nation* (2006) 'HM the King Suggests a Solution', 27 April.

28 Connors, Michael Kelly (2011) 'Thailand's Emergency State: Struggles and Transformations', in Daljit Sing (ed.), *Southeast Asian Affairs 2011*, Institute of Southeast Asian Studies, Singapore, pp. 287–305.

29 Suthichai Yoon (2009) 'Piya Malakul, the Dinner Host, Said there was No Talk of Coup', *The Nation Blog*, http://blog.nationmultimedia.com/ThaiTalk/ 2009/03/29/entry-1; accessed 7 February 2014.

30 美國外交電文06BANGKOK3916

31 Suthichai Yoon (2006) 'Old Soldiers Never Die; They Raise "Career" Thoroughbreds', *The Star Online*, www.thestar.com.my/story.aspx/?file =%2f2006%2f7%2f23%2fasia%2f14907851&sec=asia; accessed 7 February 2014.

第十一章 「政變主謀的夢魘」——升高與啟蒙

1 美國外交電文06BANGKOK5929

2 美國外交電文06BANGKOK6085

3 'Chang noi' (2006) 'The Persistent Myth of the "Good" Coup', *The Nation*, 2 October.

4 美國外交電文07BANGKOK311

5 美國外交電文07BANGKOK712

6 美國外交電文07BANGKOK2280

7 McCargo, Duncan (2009) 'Thai Politics as Reality TV', *Journal of Asian Studies*, vol. 68, no. 1, pp. 7–19.

8 美國外交電文07BANGKOK5718

9 美國外交電文07BANGKOK5738

10 美國外交電文08BANGKOK1293

11 美國外交電文08BANGKOK198

12 McCargo, Duncan (2009) 'Thai Politics as Reality TV', *Journal of Asian Studies*, vol. 68, no. 1, pp. 7–19.

13 美國外交電文08BANGKOK2610

14 美國外交電文08BANGKOK2546

15 美國外交電文08BANGKOK3317

16 *The Nation* (2008) 'A Coup via TV?', 17 October.

17 美國外交電文08BANGKOK3042

18 美國外交電文10BANGKOK478

19 Nostitz, Nick (2008) 'What Happened on 7/10/2008?', *Prachatai*, www. prachatai.com/english/node/830; accessed 7 February 2014.

20 Chalathip Thirasoonthrakul (2008) 'Thai Queen Weighs in with Anti-govt Protesters', Reuters, 13 October.

21 美國外交電文08BANGKOK3289

22 美國外交電文09BANGKOK2167

23 Nostitz, Nick (2009) *Red vs. Yellow*, Volume 1: *Thailand's Crisis of Identity*, White Lotus, Bangkok.

24 Tulsathit Taptim (2008) 'Saving Private Abhisit', *The Nation Blog*, www. nationmultimedia.com/2008/12/09/headlines/headlines_30090182.php; accessed 7 February 2014.

第十二章 「把幸福還給人民」——抗拒民主，破壞繼承

1 Tansubhapo, Thanida, and Wassana Nanuam (2014) 'Prayuth to Broadcast "Happiness"', *Bangkok Post*, 1 June.

2 English, Khaosod (2014) 'Army Unveils Song "Authored By Gen. Prayuth"', http://en.khaosod.co.th/detail.php?newsid=1402215513, accessed 9 June 2014.

3 Walker, Andrew (2008) 'Dishonourable but Parliamentary', *New Mandala*, http://asiapacific.anu.edu.au/newmandala/2008/12/09/dishonourablebut-parliamentary; accessed 7 February 2014.

4 美國外交電文08BANGKOK3774

5 美國外交電文09BANGKOK974

6 Askew, Marc (2010) 'Confrontation and Crisis in Thailand 2008–2010', in Marc Askew (ed.), *Legitimacy Crisis in Thailand*, Silkworm Books, Chiang Mai, pp. 31–82.

7 美國外交電文09BANGKOK2455

8 美國外交電文09BANGKOK2167

9 美國外交電文10BANGKOK192

10 美國外交電文10BANGKOK380

11 美國外交電文09BANGKOK3067

12 美國外交電文10BANGKOK340

13 Bangkok Post (2010) 'Red Rage Rising', *13 March.*

14 Human Rights Watch (2011) Descent into Chaos, www.hrw.org/sites/default/ files/reports/thailand0511webwcover_0.pdf; accessed 7 February 2014.

15 同上

16 Walker, Andrew 'Prayuth's Threat' (2011) *New Mandala*, http://asiapacific.anu.edu. au/newmandala/2011/06/16/prayuths-threat;

accessed 7 February 2014.

17 美國外交電文08BANGKOK3712

18 Fuller, Thomas (2014) 'Thai Beer Loses Esteem after Heiress's Remarks', *New York Times*, 10 January.

19 Pasuk Phongpaichit and Chris Baker (2013) 'Vote-buying Claims Nothing but Dangerous Nonsense', *Bangkok Post*, 6 December.

後記 「打開燈光，驅走惡鬼」——泰國的前途

1 Quaritch Wales, H.G. (1931) *Siamese State Ceremonies*, Bernard Quaritch, London.

2 同上

3 美國外交電文07BANGKOK5718

4 Quaritch Wales, H.G. (1931) *Siamese State Ceremonies*, Bernard Quaritch, London.

5 同上

6 Chairat Charoensin-o-larn (2013) 'Thailand in 2012: A Year of Truth, Reconciliation and Continued Divide', in Daljit Sing (ed.), *Southeast Asian Affairs 2013*, Institute of Southeast Asian Studies, Singapore, pp. 287–306.

7 美國外交電文08BANGKOK3289

8 Fineman, Dan, and Siriporn Sothikul (2014) 'Thailand Market Strategy', Credit Suisse, 7 January.

9 美國外交電文09BANGKOK2967

10 Jackson, Peter A. (2009) 'Markets, Media, and Magic: Thailand's Monarch as a 'Virtual deity', *Inter-Asia Cultural Studies*, vol. 10, no. 3, pp. 361–80.

11 美國外交電文06BANGKOK4041

國家圖書館出版品預行編目資料

泰王的新衣：從神話到紅衫軍，泰國王室不讓你知道的祕密／安德魯．麥格里高．馬歇爾（Andrew MacGregor Marshall）著；譚天譯. -- 一版. -- 臺北市：麥田, 城邦文化出版：家庭傳媒城邦分公司發行, 2015.07
面；　公分. --（城與邦；1）
譯自：A kingdom in crisis : Thailand's struggle for democracy in the twenty-first century
ISBN 978-986-344-248-6（平裝）

1. 民主政治　2. 泰國

574.382　　104010479

城與邦 01

泰王的新衣：從神話到紅衫軍，泰國王室不讓你知道的祕密

作　　者／安德魯．麥格里高．馬歇爾（Andrew MacGregor Marshall）
譯　　者／譚　天
責任編輯／王家軒
校　　對／陳佩伶

國際版權／吳玲緯
行　　銷／艾青荷　蘇莞婷　黃家瑜
業　　務／李再星　陳玫潾　陳美燕　枏幸君
副總編輯／林秀梅
副總經理／陳瀅如
編輯總監／劉麗真
總 經 理／陳逸瑛
發 行 人／凃玉雲
出　　版／麥田出版
台北市104民生東路二段141號5樓
電話：(886)2-2500-7696　傳真：(886)2-2500-1966、2500-1967
發　　行／英屬蓋曼群島商家庭傳媒股份有限公司城邦分公司
台北市民生東路二段141號2樓
客服服務專線：(886)2-2500-7718、2500-7719
24小時傳真服務：(886)2-2500-1990、2500-1991
服務時間：週一至週五09:30-12:00．13:30-17:00
郵撥帳號：19863813　戶名：書虫股份有限公司
讀者服務信箱E-mail：service@readingclub.com.tw
麥田網址／http://ryefield.com.tw
香港發行所／城邦（香港）出版集團有限公司
香港灣仔駱克道193號東超商業中心1樓
電話：(852) 2508-6231　傳真：(852) 2578-9337
E-mail：hkcite@biznetvigator.com
馬新發行所／城邦（馬新）出版集團【Cite(M)Sdn. Bhd.(45832U)】
11, Jalan 30D/146, Desa Tasik,
Sungai Besi, 57000 Kuala Lumpur, Malaysia.
電話：(603) 9056-3833　傳真：(603) 9056-2833

封面設計／黃思維
印　　刷／前進彩藝有限公司

■2015年7月　初版一刷
■2016年5月　初版三刷

Printed in Taiwan.

定價：320元

ISBN 978-986-344-248-6